…

마음을 흔드는 것들의 비밀
결국,
컨셉

일러두기

- 'Concept'의 한글 표기법에 따르면 '콘셉트'가 맞지만 책에서는 일상에서 쓰이는 표현인 '컨셉'으로 표기했다.
- 브랜드명은 띄어 쓰지 않고 붙여 썼다.
- 원어는 처음 나올 때만 병기했다.
- 책에서 제시된 사례는 독자들에게 도움이 될 수 있는 컨셉을 소개하기 위한 것이며, 해당 제품에 대한 홍보나 기업의 현재 행보와는 무관함을 밝힌다.

한 그루의 나무가 모여 푸른 숲을 이루듯이
청림의 책들은 삶을 풍요롭게 합니다.

마음을 흔드는 것들의 비밀

결국, 컨셉

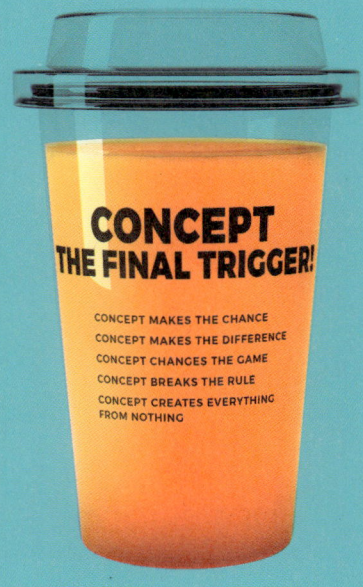

김동욱 지음

청림출판

/ CONTENTS /

PROLOGUE
돈 없고 빽 없고 힘없어도 괜찮아, 컨셉만 있다면   008

PART ① 다름을 만드는 컨셉의 힘

선택받는 브랜드는 컨셉이 다르다   017
컨셉이라는 연결고리   025

PART ② 마음을 흔드는 것들의 비밀
고수의 컨셉

약자가 이기는 전술은 따로 있다   035
컨셉도 배역이 중요하다   043

거인의 어깨를 지렛대 삼아라	051
비어 있는 틈을 찾는 방법	061
속마음을 알아채야 컨셉이 보인다	070
잘 맞춰야 산다	080
Pain Point를 찾아주는 컨셉	089
소비자와 친해지는 공감의 기술	097
스파크를 만드는 낯선 단어의 조합	104
주머니 속의 송곳처럼 뾰족하게 공략하라	113
신념이라는 강력한 컨셉	121
'보랏빛 소'가 만들어낸 대반전	128

PART ③
컨셉 디렉터의
실전 메이킹 노트

'있는 모습 그대로의 나'를 보여주세요 피키캐스트 "우주의 얕은 지식"	141

의심하고 또 의심하면 보인다　　　　　　　　　　　157
데상트 "Runner's Gear"

한 단어에 집중하라　　　　　　　　　　　　　　　168
현대캐피탈 "집중에 집중하다"

떠나간 연인을 돌아오게 하는 기술　　　　　　　175
라네즈 "스킨의 힘을 믿으세요"

시장에서 살아남는 '3의 법칙'　　　　　　　　　183
엠플닷컴 "적들의 쇼핑"

가려운 곳 긁어주는 것이 컨셉　　　　　　　　　194
우르오스 "오라, 우르오스의 세계로"

PART 4
좋은 태도가
좋은 컨셉을 만든다

결전의 순간 힘빼는 기술	203
어그로는 차별화가 아니다	207
사람은 가도 브랜드는 남아야 한다	211

너의 목소리를 들려줘	215
새로운 성공을 만들어주는 실패노트	217
"카르페디엠 Carpe diem"을 실천하는 방법	220

아이디어를 주는 인생의 책

아이디어를 내는 방법	225
만약 고교야구 여자 매니저가 피터 드러커를 읽는다면	226
고수의 생각법	227
컨테이저스	229
자신 있게 결정하라	230
자기다움	231

EPILOGUE

괜찮아, 아무것도 안해도	233

PROLOGUE

돈 없고 빽 없고 힘없어도 괜찮아, 컨셉만 있다면

"이름만 들어도 다 아는 큰 회사, 자금도 어마어마하고 영업망도 엄청나게 넓은 경쟁 회사를 무슨 수로 이기겠어. 우리가 살아남을 수 있을까?"

경쟁이 점점 치열해지면서 강자들은 더욱 강해지고 약자들은 더욱 약해질 수밖에 없는 구도가 되어가고 있습니다. 그런 시대를 살다 보니 처음 시작하고, 다시 시작하고, 작게 시작해야만 하는 상대적 약자들은 새로운 시도를 꿈꿀 수조차 없는 상황입니다. 그럼에도 불구하고 여전히 사람들은 누군가의 부속품이 아니라 나만의 브랜드로, 나만의 제품을 만들고 싶다는 마음의 불씨를 가지고 있습니다. 하지만 "마음은 원이로되 육신이 약하다."라는 성경의 말씀처럼 약자들이 처한 현실은 그리 녹록지 않습니다.

이 책을 쓰게 된 계기는 이 지점에 있습니다. 강자만이 즐비한 시대에 약자들은 어떻게 해야 하는 걸까? 나만의 브랜드로 제품을 만들고 가게를 열거나 홈페이지를 만들어서 각자의 능력을 발휘하고 싶은 사람들이 살아남을 수 있는 방법은 없을까?

수많은 브랜드의 광고를 만들고 마케팅 전략에 대한 조언을 하다 보면 이런 저런 기업들을 참 많이 만납니다. 물론 대부분은 막강한 자금과 조직력은 기본이고 우수한 제품과 영업력을 기반으로 광고를 만들고 마케팅을 합니다. 간혹 생판 모르는 신생 브랜드와 일을 하기도 하는데 그때마다 드는 생각은 '이런 상태로 시장에 나가면 이기기 어렵겠는데?'였습니다.

그런데 재미있는 건 상대도 안 될 것 같았던 그 브랜드들이 간혹 강자들의 골치를 아프게 하기도 하고 그들의 알토란 같은 부분을 빼앗는 기염을 토하는 걸 봅니다. 심지어는 그 브랜드들이 시장의 판세를 단번에 바꾸는 엄청난 일을 해내기도 합니다.

물론 그런 놀라운 성취를 이뤄낸 배경에는 외부인들이 보지 못하는 여러 가지 이유가 숨겨져 있을 것입니다. 그렇지만 놀라운 결과를 만들어낸 브랜드들의 공통점 중 하나는 그들만의 컨셉이 있었다는 것입니다. 별것 아닌 것처럼 보여도 어떤 컨셉으로부터 시작했느냐 아니냐에 따라 그 결과가 참 많이 달라지는 것을 볼 수 있습니다.

그래서 책을 통해 강자들을 이기고 살아남은 위대한 컨셉에 대한 무용담을 나눠야겠다는 생각을 했습니다. 사람들의 마음을 흔드는 좋은 컨셉만 있다면 상대적 약자인 우리들도 '한번 해볼까?' 하는 용기를 낼 수 있다고, 그래서 우리가 원하는 것을 세상에 만들어낼 수 있을 거라고 믿기 때문입니다.

법칙이 아니라 원리다

컨셉에 대해 말하고 있는 책도 많고 강연도 많습니다. 그럼에도 불구하고 이 책을 써야겠다고 마음먹은 것은 약자의 무기인 컨셉이 무엇인지, 좋은 컨셉은 어떻게 만드는지에 대해서는 잘 알려져 있지 않아서입니다. 어떤 컨셉이 좋고 나쁜지, 시장에서 선택되는 컨셉이 무엇인지 잘 모른다는 겁니다.

그래서 대부분은 남이 만들어놓은 컨셉에 자신의 상품을 무작정 대입해서 사용하려 합니다. 마치 수학 문제를 푸는데 정해진 풀이를 보고 나서 그대로 따라서 문제를 푸는 것과 같습니다. 그래서 시험 전에 연습문제는 잘 풀지만 실전에서 상황이 조금만 바뀌어도 방향을 잡지 못하게 됩니다.

야구에서 타자가 공을 잘 치는 방법은 두 가지라고 합니다. 배트를 많이 휘두르고 실전에서 많이 쳐보면서 스스로 발전하는 것. 그리고 다른 타자가 하는 걸 덕 아웃에서 보면서 자신에게 적용해보는 것. 두 번째 방법에서 특히 중요한 것은 사례를 보고 생각 없이 따라하는 게 아니라, 상대와 비교했을 때 현재 자신의 문제는 무엇인지를 먼저 확인하고 앞으로 더 잘할 수 있는 방법과 원리를 찾아 적용시켜나가야 한다는 점입니다.

컨셉을 잘 만드는 것도 마찬가지입니다. 남이 사용했던 방식을 그대로 외워서 자신의 문제에 곧이곧대로 대입해서는 안 됩니다. 잘 만든 컨셉이 어떤 배경과 의도를 가지고 만들어졌는지, 노림수가 무엇이었는지 그 맥락을 이해하는 것이 먼저입니다. 정해진 법칙을 찾아서 외우려는 것이 아니라 원리를 알아두는 것이 중요합니다. 그렇게 내 안에 기본기를 쌓아두면 새로운 문제를 만나도 상황에 맞게 풀어낼 수 있습니다. 시장에 셀 수 없이 많은 브랜드와 제품이 있는 것처럼 컨셉도 그야말로 다양하게 만들어질 수 있다는 것을 숙지하면 좋은 컨셉터가 될 것입니다.

이론이 아니라 실전이다

"뜨려면 한국으로 가라"

산업통상자원부의 경제 문화 분석에 따르면 우리나라가 세계적인 테스트베드$^{Test\ bed}$(어떠한 콘텐츠나 제품, 프로그램을 출시할 때 한 국가의 시장에서 인기도와 소비자 반응을 측정해 다른 나라에서의 흥행 가능성을 판단하는 과정) 국가로 주목받게 된 데에는 IT와 인터넷의 발달 덕이 크지만, 여기에는 한국인 특유의 성향도 한몫 거든 것으로 분석됩니다. 대한상공회의소에서는 최근 한국의 테스트베드 현상에 대해 한국인의 자기 과시욕과 강한 호기심, 사회 전반에 깔린 경쟁 심리와 유행에 민감한 집단주의적 성향이 IT기술과 결합했기 때문이라고 진단했습니다.

특히 한국은 몇 년에 걸쳐 피드백이 오는 해외 시장과 달리 단 몇 개월 안에 상품에 대한 피드백을 보여주기 때문에, 한국을 세계 진출의 교두보로 활용하려는 기업이 나날이 늘어나고 있다고 합니다. 많은 외국의 기업들이 한국 시장을 테스트베드 삼아 제품을 론칭하려는 움직임을 보이고 있습니다. 그만큼 한국의 소비자들은 살아 있는 생물처럼 지속적으로 변화하고 움직입니다. 그들에게 영감을 제공하려면 더 빠르고 민감해져야 합니다.

이 책에서는 법칙과 이론보다는 실전에 대한 이야기를 담고 있습니다. 지금까지 대한민국의 마케팅 전장에서 살아남은 고수들의 컨셉을 중심으로 이야기하려고 합니다. 그래야만 역동적이고 변화무쌍한 시대를 살아가는 소비자들의 고개를 끄덕이게 할 수 있을 거라고 생각했습니다. 좋은 컨셉에 정해진 법칙이 있다고 생각하지 않기 때문에 최대한 다양한 사례를 분석하여 통찰을 얻을 수 있도록 했습니다.

처음 입사했을 때 선배들은 마케팅이나 광고에 대해 참 많이 알려줬습니다. 자신이 공부했던 책들이나 외국에서 교육받은 자료 등을 건네주기도 하고 직접 교육도 해줬습니다. 단지 일을 빨리 떠넘기기 위한 업무에 대한 학습이 아니라, 치열한 현장에서 살아남을 수 있는 지혜를 선배들이 나눠준 셈입니다.

그런 선배들의 나눔이 있었기에 저 또한 이 책으로 나눌 수 있게 되었다고 생각합니다. 선배들에게 배웠던 것들이 내 안에서 고여서 썩어 없어지기 전에 더 많은 분들에게 흘려보내는 것이 제가 받은 것에 대한 도리이고 제게 도움을 주셨던 선배들에 대한 보답이라고 생각합니다. 힘없는 이들에게 이 책이 무엇이든 시작할 수 있는 작은 디딤돌이 되길 소망합니다.

김동욱

PART 1

다름을 만드는 컨셉의 힘

『나의 문화유산 답사기』에서 유홍준 선생님이 말씀하셨던 "아는 만큼 보인다"는 말은 컨셉을 알아가는 데도 적용됩니다. 도대체 컨셉이 무엇인지, 어떤 결과를 만들어내는지 잘 알아두어야 컨셉이 필요한 모든 순간에 정확히 판단하고 제대로 만들어낼 수 있습니다. 이번 장에서는 컨셉의 본질에 대해 알아볼 것입니다.

기본이 없는데 응용문제로 넘어갈 수 없듯이 컨셉의 정체에 대해서 정확히 알아두면 앞으로 나올 보석 같은 원리들이 훨씬 더 명확하게 이해될 것입니다.

선택받는 브랜드는 컨셉이 다르다

그 많던 영철버거는 어디로 간 걸까?

2000년 고려대학교 앞에서 무일푼으로 시작한 '영철버거'는 천 원짜리 '스트리트 버거'로 고대생들의 많은 사랑을 받았습니다. 양배추와 돼지고기 등심이 들어간 버거를 천 원에 판매하였는데, 원재료값이 아무리 올라도 천 원의 가격으로 상상할 수 없는 퀄리티를 고수했습니다. 덕분에 지갑이 얇은 학생들의 전폭적인 사랑을 받으며 학교 앞 명소로 자리 잡게 됩니다. 영철버거는 이런 사랑에 보답하고자 고대생들에게 수익의 상당분을 꾸준히 장학금으로 지급했습니다. 저렴한 가격과 그에 비할 수 없는 맛과 품질, 그리고 고객에 대한 애정을 표현하는 브랜드 이미지가 더해진 영철버거는 천 원짜리 버거로 길거리 푸드의 신화가 될 수 있었습니다.

영원할 것 같던 영철버거의 신화에 금이 가기 시작한 것은 2004년 웰빙 붐이 찾아오면서부터입니다. '햄버거=정크푸드'의 이미지를 벗지 않으면 살아남기 어렵다는 판단 하에 그들을 신화의 자리로 이끌어주었던 제품의 컨셉을 바꾸기로 합니다. '저렴한 가격에 풍성한 버거' 대신 시대의 흐름에 맞춰 기름을 전혀 사용하지 않고 건강에 좋은 재료를 사용한 '웰빙 수제 버거'로 변신을 한 것입니다. 달라져도 너무 달라진 영철버거는 홍대, 경희대 등으로 영업점을 확대했고, 2007년엔 80개 매장을 오픈하는 등 새로운 영철버거를 확장하는 데 여념이 없었습니다.

영철버거는 원재료의 고급화로 가격이 자연스레 7천 원대까지 올랐습니다. 그러다 보니 대학생들이 소비하기에 너무 부담스러운 햄버거가 되어버렸습니다. 7천 원짜리 버거는 더 이상 사람들이 알고 있던 영철버거가 아니었습니다.

사람들의 외면을 받은 영철버거는 결국 창립 15주년이 되는 2015년에 폐업을 하게 되었고, 이 소식을 들은 많은 이들이 크라우드 펀딩을 통해 영철버거의 재개업을 도왔습니다. 천 원밖에 하지 않았지만 그 맛과 품질은 어떤 버거 못지않았고, 배고팠던 대학시절 추억의 일부였던 영철버거가 본래의 모습으로 다시 돌아와주길 바라는 마음이 모였던 것입니다.

> "초창기에 맛을 봤던 사람으로서 그 오리지널 버거가 진짜 '영철 씨 햄버거'이고 그걸 가지고 승부를 걸었으면 좋겠다."
>
> (김한겸 교수, 전 고려대학교 학생처장)

영철버거처럼 특별한 컨셉으로 시작하여 사랑받은 많은 브랜드들이 여러 가지 다양한 이유로 위기를 맞게 되거나 피할 수 없는 시대의 변화를 맞닥뜨리게 되면 처음의 컨셉을 버리는 선택을 하게 됩니다. 울며 겨자먹기로 새로운 컨셉을 만들어 변화를 꾀하는 경우가 참 많습니다.

하지만 시장은 냉정합니다. 브랜드를 바라보는 소비자들의 인식은 그다지 빨리 변하지 않습니다. 새로운 시대를 맞이한다는 명분으로 처음에 사랑 받았던 것들을 너무 빨리 포기하지 마세요.

컨셉은 소비자들이 그 브랜드를 소비하고 선택하는 이유이자 근거가 됩니다. 브랜드가 가진 컨셉을 소비하며 그에 대한 대가를 비용으로 지불하는 것입니다. 컨셉을 잃어버리면 소비자들은 그 브랜드를 소비해야 할 이유를 잃어버립니다.

이니스프리와 제주가 만나다

아모레 퍼시픽의 이니스프리^{innisfree}는 2000년, 국내 최초로 '자연주의 화장품'을 표방하며 시장에 출시되었습니다. 하지만 제품의 우수성에 비해 그들이 표방한 자연주의 이미지의 대표 브랜드로 자리 잡지는 못했습니다. 오히려 이 분야에서 가장 먼저 떠오르는 브랜드는 '네이처리퍼블릭^{NATURE REPUBLIC}'이었습니다.

네이처리퍼블릭은 브랜드 이름만 들어도 자연스럽게 자연주의를 연상할 수 있었고, 자연 그대로의 원료를 쓴다는 셀링 포인트^{selling point}를 앞세워 '자연주의=네이처리퍼블릭'이라는 인식을 확고히 구축했습니다.

시장에 먼저 출시됐는데도, 다른 브랜드에게 리딩 브랜드의 자리를 빼앗긴 이니스프리는 사활을 건 변화를 꾀합니다. 컨셉을 바꾸기로 한 것이지요. 정확히 말하면 컨셉을 좀 더 명확히 하기로 합니다.

다른 브랜드와 겹치거나 모호한 개념의 자연주의 화장품이 아니라 한 번만 들어도 바로 인식할 수 있는 직관적인 컨셉으로 방향성을 바꿉니다. 그 컨셉이 바로 "Natural Benefits from JEJU(제주로부터 모든 자연적인 혜택을)"입니다. '제주'라는 아주 구체적이고 직관적인 장소를 통해서 자연주의 이미지를 소비자들에게 좀 더 쉽고 분명하게 체감할 수 있게 한 것입니다.

이니스프리는 "Natural Benefits from JEJU"라는 새로운 컨셉으로
제주에 브랜드 체험관을 짓고, 제주 에코 힐링 여행책자를 제작하여
브랜드 이미지와 연결시켰다.

"제주 용암 해수의 미네랄이 만든 생생한 탄력"
이니스프리는 광고 모델보다 제주에서 온 천연 재료를 강조하는 광고를 한다.
이 전략으로 자연스럽게 제품의 성능에 대한 신뢰를 얻고
자연주의 화장품의 리딩 브랜드로 자리매김하게 되었다.

이니스프리는 브랜드의 활동 중심에 제주를 두었습니다. 제주의 원료로 제품을 만들고(제주 한란, 제주 화산송이 화장품 등) 제주에 브랜드 체험관을 지었습니다. 제주 에코 힐링 여행책자를 제작하고, 매장의 디스플레이도 제주의 자연을 직관적으로 연상시킬 수 있게 만들었습니다. 심지어 TV 광고도 광고모델보다 제주에서 생산된 원료에 더 포커스를 맞췄습니다.

제주의 천연 재료로 만든 화장품이라는 사실 덕분에 제품에 대한 신뢰는 더욱 높아졌습니다. '깨끗한 재료로 순하게 만든 기능성 화장품'이라는 인식을 주었기 때문입니다.

'제주 캠페인' 이후 '자연주의 화장품' 하면 가장 먼저 떠오르는 브랜드는 이니스프리라고 말하는 데 이의를 제기할 사람이 그리 많지는 않을 겁니다. 단지 '제주'가 더해진 컨셉을 중심으로 브랜드가 새 옷을 입었을 뿐인데 사람들의 인식이 변하면서 구매도 늘었습니다. 더불어 중국인들의 '제주 사랑'으로 이니스프리의 매출은 엄청난 상승을 보이게 됩니다.

영철버거의 실패와 이니스프리의 성공 사례에서 보았듯이 컨셉은 비즈니스를 죽이거나 살려내고, 브랜드의 운명을 결정하는 중요한 역할을 합니다. 컨셉은 브랜드의 설계도와 같습니다. 설계도를 구상하는 것은 누구를 위해서 어떤 목적으로 건물을 만들 것인지를 감안해서 미리 준비하는 것입니다. 설계도대로 해야 건물도 안전하게 오래갈 수 있게 됩니다.

브랜드나 제품도 이와 다르지 않습니다. 어떤 타깃을 움직여야 하는지, 그들이 원하는 것은 무엇인지, 시장에는 어떤 경쟁자가 있는지를 감안한 설계도가 필요합니다. 컨셉이 없이 선택받기를 기대한다면 그것은 마치 설계도 없이 벽돌부터 나르면서 곧 멋진 건물이 탄생할 거라고 기대하는 것과 같습니다. 소비자에게 선택받고 오래 사랑받는 브랜드가 되려면 반드시 컨셉이 필요합니다.

컨셉이라는
연결고리

남다른 존재감을 보여줘

    모바일 폰으로 시작된 디지털 시대는 우리의 일상뿐 아니라 비즈니스에도 엄청난 변화를 가져왔습니다. 소비자들은 디지털 시대 이전보다 더 많은 제품을 경험할 수 있게 되었고, 제품의 가격, 기능 등 상세 정보도 쉽고 편하게 획득하여 손바닥 안에서 모든 제품을 비교할 수 있게 되었습니다. 그러다 보니 제품만 좋다면 어느 나라에서 만든 제품인지 상관없이 구매합니다. 모바일은 소비자에게 더 많은 선택권을 부여한 셈입니다.

이와 반대로 제품 판매자들은 이전보다 더 치열한 경쟁을 벌여야 하는 상황에 처하게 되었습니다. 불꽃 튀는 경쟁 속에서 선택받지 않으면 생존할 수 없는 진정한 정글을 만나게 된 것이지요. 이전처럼 유명 회사가 만든 제품, 값비싼 명품 브랜드, 유명 연예인이 모델이었다는 이유만으로 선택되는 시대도 가버렸습니다. 제품 그 자체만으로 승부를 해야 하는 차가운 경쟁의 시대가 열린 것입니다. 사실 누군가에게 선택받기 위한 경쟁은 비단 한 기업의 브랜드, 제품에 국한되는 이야기는 아닙니다.

2007년 1월의 어느 날이었습니다. 경쟁 프레젠테이션을 통해 광고주를 연이어 영입했습니다. 그러다 보니 맡은 일은 많아졌고 일을 대신해줄 막내가 필요해졌지요. 마침 대리 연차인데도 팀의 막내였던 저를 안타까워하신 상무님은 사원을 뽑기 위한 채용공고를 냈습니다.

비록 작은 광고대행사였지만 공전에 히트를 친 광고를 만든 회사라 많은 지원자가 몰렸습니다. 고작 한 명 뽑는 데 수백 명이 지원했고, 그 수백 장의 지원서를 하나도 빠짐없이 꼼꼼히 읽었습니다. 저와 관련된 일의 많은 부분을 감당해야 하는 자리를 뽑는 터라 더욱 신중히 검토해야 했습니다.

하지만 저도 사람인지라 모든 이력서를 초반처럼 정성 들여 읽는다는 게 결코 쉬운 일은 아니었습니다. 지원서가 많기도 했지만 읽으면 읽을수록 자기소개서의 내용이 대부분 비슷비슷해 보였기 때문입니다. 언제 어디에서 인턴을 했고, 무슨 책을 읽었고, 누구를 좋아하고 존경하는지…. 그 사람이 살아온 흔적만 겨우 알 수 있는 정도의 자기소개서였습니다. 그런 지원서로는 지원자의 특별한 개성도 확인할 길이 없었고, 무엇보다 어떤 성격의 사람인지 어떤 가치관을 가지고 있는지 도통 알아낼 수 없었지요.

영혼 없는 자기소개서를 그냥 넘기다시피 하며 읽던 차에 제 눈을 사로잡는 하나의 자기소개서가 있었습니다.

"대학 졸업할 때까지 사귀었던 남자친구가 24명입니다."

이 한 줄은 여러 가지 생각이 들게 했습니다. '오호라 이놈 봐라. 제법인데? 무슨 매력이 있는 거지? 광고회사는 설득도 잘하고 사람에 대해서도 잘 알아야 하는데 적어도 남자에 대해서는 잘 알겠군. 도대체 어떤 사람일까?'

그 지원자에 대한 궁금증이 꼬리에 꼬리를 물고 이어졌습니다. 면접이라도 보자는 심정으로 1차를 통과시켰고, 수백 대 일의 경쟁률을 뚫고 최종면접을 보는 마지막 2인으로 올라 결국 제 부사수가 되었습니다.

사실 그 친구는 만나고 보니 남들보다 좋은 학벌을 가진 것도, 엄청난 어학 실력을 가진 것도 아니었습니다. 누구나 한 번쯤은 해봤다는 해외 활동이나 인턴 경력도 전무했습니다. 그런데 그 친구가 수백 대 일의 경쟁률을 뚫고 제 부사수로 선택받을 수 있었던 이유는 무엇일까요? 그 이유는 바로 '남다른 존재감' 때문이었습니다. 모든 사람들이 천편일률적인 자기 자랑을 나열하고 있을 때 그 친구는 남들이 보기에 치부가 될 수도 있는 '있는 그대로의 자기 모습'을 보여주는 전략으로 눈에 띌 수 있었던 것입니다.

이력서 한 장에도 컨셉이 필요합니다. 이전보다 더욱 경쟁이 치열해진 시대에는 그 누구라도 냉정하게 평가받기 때문입니다. 그래서 그 어느 때보다 '다르지 않으면' 그 누구도 살아남을 수 없습니다. 다르다는 것은 자신만의 정체성을 가진다는 것이고, 세상에 없는 수많은 브랜드와 제품들 사이에서 남다른 존재감을 갖게 해주는 것이 바로 컨셉입니다.

소비자와 브랜드를 이어주는 힘

컨셉이 무엇인지 먼저 사전적인 정의부터 보겠습니다.

"어떤 작품이나 제품, 공연, 행사 따위에서 드러내려고 하는 주된 생각을 '개념'으로 순화하는 것." (표준국어대사전)

"컨셉이란 광고에서 목표 소비자에게 제품의 성격을 명확히 부여하는 것이라 할 수 있는데, 목표 소비자는 누구인지, 그들에게 필요한 욕구는 무엇인지, 광고 목표는 무엇인지 등을 살피고 우리 제품만이 가지고 있는 고유한 특징을 가지고 제품의 개념을 만들어주는 것이다."(네이버지식사전)

복잡한 사전적 정의에서 벗어나 우리가 알고 있는 상식적인 의미의 컨셉은 "개념, 본질, 핵심, 혹은 어떤 이야기를 하려는 것의 궤를 꿰고 있는 것"입니다. 광고, 마케팅 분야에서는 좀 더 명확하고 분명한 의미의 컨셉을 필요로 합니다. 다른 어떤 브랜드도 가지고 있지 않은 '제품의 강력한 세일즈 포인트'와 '소비자의 필요^{needs} 혹은 선호^{wants}'라는 두 가지 요소가 반영되어서 도출된 것(둘의 교집합)이 바로 컨셉입니다. 브랜딩 전문가인 전성률 교수는 디지털 시대에 성공하는 브랜드가 되기 위한 컨셉이 무엇인지에 대해 이렇게 규정하고 있습니다.

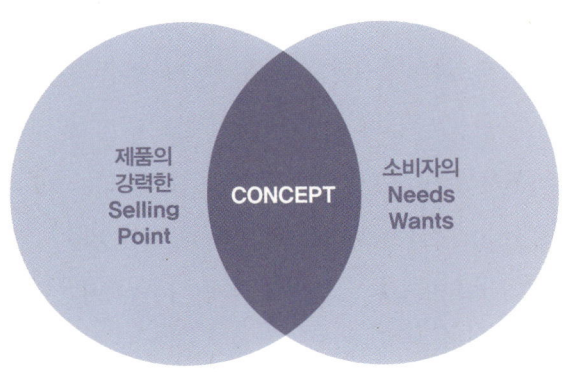

"제품이나 서비스를 경쟁으로부터 의미 있게 분리시키는 방법으로 한 가지나 그 이상의 세분된 시장에 대응시키는 예술이자 과학, 마음속에 떠오르는 이미지이며 소비자가 그것에 대하여 인식하고 있는 속성들이다."

이 규정에 따르면 성공하는 컨셉을 만들려면 이전과 달리 준거점(경쟁)까지 감안해야 합니다. 쉽게 말해, 소비자의 머릿속에서 '경쟁자'는 어떤 인식 혹은 이미지로 자리 잡고 있는지를 감안해서, 그것과 다른 위치에 서게 해주는 것이지요. 예전처럼 제품 그 자체의 이야기만 잘 정리해서 말하거나 소비자의 필요와 선호를 온전히 반영했다는 것만으로는 이제는 부족합니다. 제품과 소비자를 넘어 경쟁사들이 소비자의 머릿속에서 어떤 이미지를 만들어두었는지, 그 지점까지 감안해서 나온 컨셉이야말로 시장에서 성공적인 결과를 만들어낼 수 있습니다.

대다수의 사람들은 제품이 가진 특징이나 장점을 컨셉으로 생각하고 접근합니다. 하지만 소비자에게 선택받기 위해선 소비자들이 원하는 것, 즉 그 속마음까지 잘 알아야 합니다. 그런 의미에서 컨셉은 소비자와 브랜드를 연결해주는 다리입니다.

소비자의 마음에 다리를 놓는 컨셉이 없으면 많은 이들이 실수하는 것처럼 일방적인 자기 자랑과 과시만 하고 마는 브랜드가 됩니다. 그런 브랜드는 시장에서 사랑받기 힘듭니다. 소비자들은 그런 브랜드는 기억하지 못할 뿐 아니라 선택해야 할 이유도 찾지 못합니다. 컨셉은 소비자와 브랜드를 연결해주는 '너와 나의 연결고리'인 셈입니다.

/ PART 2

마음을 흔드는 것들의 비밀
: 고수의 컨셉

영국의 유명 광고인에게 한 신문기자가 이런 질문을 했습니다. "왜 영국은 미국보다 광고를 잘 만드는 겁니까?" 당시 그가 했던 대답은 "영국엔 배울 수 있는 좋은 컨셉의 광고가 많기 때문"이었습니다.

해외뿐만 아니라 대한민국에도 존재감 없던 브랜드를 단숨에 대단한 브랜드로 만들고 키워냈던 위대한 컨셉의 광고들이 참 많습니다. 시간이 지난 지금, 다시 봐도 그 컨셉들은 여전히 날카롭고 빛이 납니다. 마치 고수들의 향연 같습니다.

이번 파트에서는 고수들의 날카로운 컨셉의 기술을 소개하려고 합니다. 고수들이 만든 제품의 광고나 브랜드 컨셉을 접하고 나면 현재의 문제들을 풀어가는 데 도움이 될 것입니다. 좋은 컨셉이 어떤 것인지 알아두는 것이야말로 컨셉들을 골라낼 수 있는 안목을 키우는 데 분명 밑거름이 될 것입니다. 그렇게 좋은 안목이 차곡차곡 쌓이면 "나도 이 정도의 컨셉을 만들 수 있겠구나." 하는 자신감이 생겨나고 더 잘 만들어보고 싶다는 욕심이 샘솟게 됩니다. 좋은 것을 많이 보면 좋은 것을 만들 수 있게 되는데, 좋은 안목을 가지고 있는 것만큼 엄청난 결과를 만들어내는 무기도 없기 때문입니다.

약자가 이기는 전술은
따로 있다

골리앗과 싸우는 방법

모바일이 가져다 준 가장 큰 변화 중 하나는 기존의 시장 질서를 뒤흔들었다는 것입니다. 우리가 잘 아는 배달의 민족, 직방, 와홈과 같은 애플리케이션과 폭발적인 인기를 누리고 있는 모바일 게임 등 다양한 산업이 여기저기 생겨났습니다. 또한 에어비앤비, 우버 등 모바일 애플리케이션의 O2O산업은 기존 오프라인 브랜드 위주였던 흐름을 돌려서 시장의 패러다임을 완전히 뒤바꾸는 위력을 보여주고 있습니다.

산업 분야 곳곳에서 정권 교체가 일어나고 있는 요즘, 시장의 흐름에 편승해 그 어떤 시기보다도 많은 신제품과 브랜드가 세상에 나오고 있습니다. 하지만 이들이 기존의 세력에게서 시장의 헤게모니를 가지고 오는 건 엄청난 일입니다. 이제는 남다른 것을 만들어 내지 못하면 살아남을 수 없는 상황이 되었습니다. 공룡 같은 막강한 경쟁자들과 싸워서 이길 특별한 전략이 필요합니다. 마치 골리앗과 싸워서 이긴 다윗의 이야기처럼요.

우리가 잘 아는 '다윗과 골리앗'은 고대 팔레스타인 지역의 블레셋이라는 나라와 철천지원수였던 이스라엘의 전쟁 이야기입니다. 이 전투에서 두 진영은 고개 하나를 사이에 두고 서로 마주 보는 형세에 놓이게 되었습니다. 두 진영 중 누군가 먼저 쳐들어가는 것은 자살 행위나 다름없을 만큼 팽팽한 상황에서 서로 눈치만 보고 대치 중이었지요. 그때 블레셋에서 이 상황을 타파하기 위해 그들 가운데 가장 뛰어난 전사였던 210cm 장신의 골리앗을 무장시켜 내보냈습니다.

거인 골리앗은 이스라엘에 큰 소리로 외칩니다.

"나와 싸워서 이기면 우리가 너희의 종이 될 것이고, 만일 내가 이기면 너희가 우리의 종이 되어 섬길 것이다."

일대일 대결로 이 전투의 끝을 보려 했던 골리앗을 대적해서 이길 수만 있다면 이토록 효율적인 전투는 없겠지만, 이스라엘에는 누구 하나 선뜻 나서는 전사가 없었습니다.

이때 전장에 나간 형들에게 음식을 전해주러 온 한 양치기 소년이 이 소식을 듣고 자원해 나섭니다. 이스라엘의 사울왕은 싸움 한 번에 전투의 명운이 달린 단 한 번의 싸움에 군인도 아니고 경험없는 양치기 소년 다윗을 내보낼 순 없었습니다.

그러자 다윗은 말합니다. "아버지의 양떼를 지킬 때 사자나 곰이 와서 새끼를 물어가면 내가 따라가서 그것을 치고 그 입에서 새끼를 건져내었고, 다시 나를 해하고자 하면 그 수염을 잡고 쳐죽였나이다."

소년의 결연한 의지에 설득당한 사울왕은 어차피 대안도 없던 터라 이 소년의 청을 들어주기로 하고 갑옷과 투구를 내어줍니다. 하지만 소년은 갑옷이 무거워 오히려 움직이기에 불편하다며 벗어두고, 평소에 늑대 잡을 때 사용했던 물맷돌 세 개만 들고 골리앗 앞으로 다가갑니다.

양치기 소년 다윗을 본 골리앗은 자신을 조롱한다며 격분했습니다. 골리앗이 예상한 결투가 아니었기 때문이지요. 그는 자신처럼 창과 방패와 갑옷으로 중무장한 전사와의 일대일 백병전(무기를 가지고 직접 몸으로 맞붙어서 싸우는 전투)을 기대했습니다. 다른 어떤 방식의 결투도 생각해본 적이 없었습니다. 중무장한 갑옷은 어떤 창도 뚫을 수 없을 정도로 강했고, 창은 그의 긴 팔로 멀리 있는 어떤 것도 거뜬히 꿰뚫을 수 있을 정도의 길이였을 것입니다.

그런데 갑옷도 입지 않고 창이나 방패도 없는 키 작은 소년이 돌맹이 다섯 개만 들고 나타났으니 골리앗의 황당함은 이루 말할 수 없었을 것입니다. 하지만 결과는 많은 이들이 아는 것처럼 총알처럼 빠른 물맷돌이 골리앗의 이마에 먼저 박혔고 골리앗은 그 자리에서 쓰러져 다윗의 칼에 목숨을 잃게 됩니다.

사실 이 이야기는 너무 유명해서 많은 사람들이 알고 있지만 여기에 숨어 있는 교훈은 잘 모르는 듯합니다. 필자만 해도 어릴 적에는 하나님을 잘 믿으면 골리앗이란 거대한 적도 무너뜨릴 수 있다는 이야기로만 알았습니다. 하지만 각도를 조금만 틀어보면 새로운 교훈이 숨어 있는 것을 알 수 있습니다.

골리앗은 중보병이었습니다. 그는 중보병들이 늘 하는 전투방식인 일대일의 백병전을 기대했습니다. 그가 "내게로 오라. 내가 네 살점을 공중의 새들과 들짐승들에게 주겠다."고 한 성경의 구절을 자세히 보면 분명 "내게로 오라."는 표현이 보입니다. 즉 자기 앞으로 와서 칼과 창으로 싸움을 하자는 말입니다.

하지만 다윗은 골리앗이 원하는 싸움의 방식으로 싸울 생각이 전혀 없었습니다. 그는 곰과 늑대로부터 양을 보호할 때 썼던, 자신이 가장 익숙하고 자신 있는 방법으로 싸우고 싶었습니다. 바로 투석병들이 하는 것처럼 돌팔매로 그와 대적하려 했던 것입니다. 다윗은 갑옷을 입지 않았기 때문에 속도와 기동성이 있었습니다. 덕분에 느리게 움직일 수밖에 없는 거인 골리앗에게 재빠르게 접근해서 그의 이마에 물맷돌을 정확히 명중시킬 수 있었던 것입니다. 골리앗이 자신을 방어하기에는 너무 짧은 시간이었지요.

모든 사람들이 칼과 방패와 갑옷도 없이 싸움터에 나간 다윗에게 회의적이었던 건 육체적 완력의 관점으로 이 싸움을 생각했기 때문입니다. 하지만 거대한 적들과 싸울 때는 그들이 원하는 싸움의 방식으로 접근하면 이길 수가 없습니다. 그건 그들이 가장 잘하는 방법이고 지금까지 승리해왔던 공식이기 때문입니다. 그들의 가장 약한 부분을 찾아 새로운 방법으로 싸워야 합니다.

이것은 비단 수천 년 전의 다윗과 골리앗의 싸움에만 해당되는 공식이 아닙니다. 현대의 거대 공룡과 같은 브랜드들이 점령하고 있는 시장에 새롭게 진입해야 하는 신생 브랜드들이 처한 상황도 별반 다르지 않습니다.

돈 내고 보는 첫 번째 웹툰

웹툰 시장을 점령하고 있던 네이버와 다음, 거대 자본의 힘으로 양분되어 있던 이 시장에 그들과는 전혀 다른 방식으로 접근하여 성공한 웹툰 플랫폼이 바로 레진코믹스입니다. 이미 통신사나 언론사의 거대 자본을 등에 업고 시작한 웹툰 브랜드가 많았지만 그 누구도 네이버와 다음을 견줄 만한 위치에는 가지 못했습니다.

그런 상황에서 창업 4년 만에 천만 가입자를 이뤄낸 레진코믹스는 웹툰 시장의 질서를 바꾸며 강력한 3등의 자리를 차지했습니다. 1,500만 원의 자본으로 시작한 그들이 어떻게 강자들과 맞서 지지 않는 다윗이 될 수 있었던 것일까요?

레진엔터테인먼트가 창업하던 2013년만 해도 웹툰은 포털사이트가 조회점유를 위해 제공하고 있던 콘텐츠 중 하나였습니다. 더 많은 트래픽을 가져오기 위한 미끼 상품과 같은 것이었지요. 당연히 웹툰은 무료로 제공되었고, 작가들은 조회수에 따라 원고료를 받고 있었습니다. 작가들이 다루는 소재 또한 대중적이고 보편적이어야 했는데, 이 때문에 소재의 한계와 표현의 제약 등의 문제가 있었습니다.

레진엔터테인먼트의 출발은 바로 이 지점이었습니다. '네이버와 다음이 가지고 있지 않은, 절대로 가질 수 없는 웹툰을 제공하자. 네이버와 다음이 기존의 인기 아이돌이라면 우리는 락밴드나 래퍼의 길을 가자. 그들이 메이저 웹툰이라면 레진은 마이너 웹툰이 되자. 모든 사람들이 볼 수 있는 만화가 아니라, 마니아들이 좋아하는 만화를 제공하자.' 이런 전략을 바탕으로 성숙한 독자들을 위한 프리미엄 만화 서비스 '레진코믹스'가 시장에 나오게 됩니다.

레진코믹스는 "마니아를 위한 웹툰"이라는 컨셉으로 메이저에서는 절대로 볼 수 없는 성인물, 로맨스물, 역사물, 공포물 등 다양한 장르의 웹툰을 제공했습니다. 이를 위해 마니아층을 보유한 작가들을 발굴하여 회원을 늘려나갔고, 완성도 높은 만화를 유료로

성숙한 독자들을 위한 프리미엄 만화 서비스.
레진코믹스는 독자들이 돈을 내고 보는 첫 번째 웹툰이 되었다.

먼저 서비스한다는 전략으로 이익을 냈습니다. 더 나아가 작가들이 마음껏 자신의 작품세계를 표현할 수 있는 자유를 확실히 보장해주었고, 이 날것의 감정이 다시 마니아 감성의 독자를 사로잡을 수 있도록 다양한 장르의 웹툰을 제공하는 밑거름이 되었습니다.

네이버와 다음처럼 공짜 콘텐츠가 아니라 작가의 온전한 창작물로서 제값을 내고 즐기는 콘텐츠로 자리매김하면서 웹툰의 퀄리티를 인정받게 되었습니다. 레진코믹스는 창업한 지 불과 1년 만에 매출 103억 원을 돌파했고, 2017년 현재는 천만 회원을 얻게 되었습니다. 이제는 한국의 마블스튜디오라고 불릴 정도로 다양하고 수준 높은 콘텐츠를 보유한 플랫폼으로 인정받아 다양한 기업들이 먼저 새로운 콘텐츠 사업을 제안할 정도라고 합니다.

레진코믹스는 처음부터 네이버와 다음 웹툰의 방식을 따라가지 않았습니다. 모두들 레진코믹스가 네이버와 다음을 상대할 수 없을 뿐 아니라, 분명 망할 거라고 확신했다고 합니다. 하지만 상대가 절대로 할 수 없는 방법으로 접근했기 때문에 후발주자임에도 어깨를 나란히 할 수 있었습니다.

때로는 초라해 보여도 상대에게는 없는 무기와 전략으로 나가야 전쟁터와 같은 치열한 싸움에서 살아남을 수 있습니다. 싸움의 결과는 눈에 보이는 것만으로 결정되지 않습니다. 좋아 보이거나 이미 검증된 방법은 약자들이 절대로 해서는 안 되는 방법입니다. 나에게 익숙하고, 어울리고, 잘할 수 있는 방법만이 스스로를 지킬 수 있습니다.

약자가 취할 수 있는 좋은 컨셉으로 시작한 레진은 어느 정도 궤도에 오르자 파이를 더 키우는 과정에서 겪는 성장통을 경영일선에서 보여주고 있습니다. 작가와의 상생 생태계를 구축했던 처음의 시도가 퇴색되지 않도록 브랜드의 방향을 잘 잡아가야 소비자들로부터 외면받지 않고 성장해갈 수 있을 것입니다.

컨셉도
배역이 중요하다

스펙 싸움이 무의미 할 때

모든 브랜드의 광고주들은 너 나 할 것 없이 제품의 장점만 잘 전달하면 소비자들이 선택해줄 거라고 생각합니다. 물론 경쟁사들이 절대 흉내 낼 수 없는 뛰어난 제품이라면 그렇게 해도 됩니다. 하지만 그런 경우는 극히 일부이고 시장에는 비슷비슷한 장점으로 승부를 보려는 제품들로 넘쳐납니다. 그러다 보니 하나의 브랜드가 전달하려는 메시지의 차별점은 좀처럼 찾기 힘듭니다.

아주 간단한 예로 여성 속옷 브랜드인 비비안과 비너스를 떠올려보세요. 두 제품 간의 차이를 구분할 수 있습니까?

소비자는 브랜드 담당자의 기대만큼 브랜드가 가진 특징을 잘 기억하지 못합니다. 특히 브랜드 간의 차별점이 크지 않은 시장 상황이라면 그 문제는 더욱 심각해집니다. 이런 경우 사용할 수 있는 기술 중 하나가 바로 '역할 갖기'입니다.

다른 브랜드를 보내버리는 기술

구인 구직 사이트로 잘 알려진 잡코리아도 무차별의 늪에 빠져 어려움을 겪고 있었습니다. 대부분의 구인구직 사이트는 '많은 정보' '엄선된 정보' '신속한 업데이트'라는 구직 정보를 중심으로 한 비슷한 컨셉을 내세웁니다. 그러다 보니 각 사이트의 차별점을 소비자들이 정확히 구별해내기란 좀처럼 쉽지 않습니다.

잡코리아는 누가 정보가 더 많고 더 정확하고 더 빠른지를 알리기 위한 스펙싸움을 하는 게 무의미하다고 판단했습니다. 확고한 일등 브랜드가 굳이 '내가 제일 잘나가.'라고 말하는 건 낭비라고 생각한 것입니다. 오히려 시장에서 넘버원의 자리를 확고히 하기 위해 고만고만한 자기자랑의 틀을 깨고 완전히 새로운 컨셉으로 소비자들에게 다가갑니다.

"보내버리고 싶은 그들에게 추천하라."

잡코리아는 '나의 일자리를 찾는 곳'에 국한하지 않고, '직장 상사나 부하 직원을 확실하게 보내버릴 수 있는 곳'으로 새로운 역할을 만들어냈다.

비슷한 특성의 브랜드가 모인 시장에서는 모두가 추구하는 강점이 아닌 새로운 관점에서의 역할을 만들어주어야 관심을 끌 수 있습니다. 잡코리아는 이 캠페인을 통해서 '구인 정보가 가장 많고 다양한 곳' 중 하나가 아니라 '일 안 하고 게으른 직장 상사나 부하 직원을 확실히 다른 회사로 보낼 수 있는 곳'이라는 새로운 역할을 부여받은 셈입니다. 이처럼 브랜드가 새로운 배역을 찾게 되면 경쟁자들과는 다른 지위를 점할 수 있습니다.

새로운 식당의 출현

마케팅을 잘한다는 건 어떤 걸까요? 세상에 존재하지 않던 제품이 등장했을 때 소비자들이 필요를 느끼게끔 '새로운 가치를 만들어내는 것'입니다.

대한민국에는 새로운 제품이 참 많이 나옵니다. 그 중에서도 단연 돋보이는 제품이 바로 햇반입니다. 대한민국의 속도가 점점 빨라지고 사회는 점점 더 복잡해지면서 가족구성원의 변화가 생겼습니다. 4인가구가 대다수였던 가족체계는 2000년 이후 급속히 무너졌고, 2인 또는 1인가구가 점점 늘어나는 추세입니다. 그에 따라 식생활 또한 바뀌어 간단히 끼니를 해결하고자 하는 사람들이 많아졌습니다. 자연스럽게 햇반의 판매는 날이 갈수록 성장했습니다.

어릴 때는 물을 사먹는 시대가 올 거란 선생님의 말을 믿지 않았습니다. 그런데 지금은 물을 사먹는 행위가 너무나도 당연해졌지요. 햇반이 처음 나왔을 때도 같은 반응이었던 기억이 납니다. '이런 게 팔리겠어?' 하지만 지금은 햇반이 대한민국에서 없어서는 안 될 중요한 제품이 되었습니다.

웰빙 바람이 불면서 잡곡밥과 같은 제품을 추가로 출시하여 시장의 파이를 키워나가던 햇반은 더 이상 새로운 시장이 보이지 않자 성장이 다소 주춤해졌습니다. 주요 타깃들의 햇반 소비는 꾸준했지만 그 수요에 한계가 있었기 때문이지요.

햇반은 변화를 꾀합니다. 그들이 주목한 것은 바로 혼밥족이었습니다. 혼자서 밥을 먹다 보면 여러 가지 반찬을 차리기가 번거로워서 간단하게 먹는 것을 선호합니다. 이런 특징을 토대로 햇반과 함께 한 끼 식사가 해결되는 제품을 만들게 되는데, 그게 바로 햇반컵반입니다.

출시 초기에는 햇반과 간편국이 한데 묶여 있어 '혼자 사는 가족을 걱정하는 엄마의 마음'이라는 컨셉으로 시장에 나왔습니다.

"마음이 놓이다, 햇반이 놓이다."

하지만 기대와 달리 소비자들은 마트에서 묶어 파는 '1+1 제품' 정도로 생각하는 데 그쳤습니다. 컨셉은 소비자의 필요와 제품이 가진 장점이 만나서 도출된다는 원리에 따르면, 이 컨셉은 제품이 가진 특징만 돋보이고 소비자의 필요는 잘 반영되지 않았습니다.

"햇반이 들어 있어 밥부터 다른 가정식 국밥. 이 제품 하나면 엄마의 마음이 놓인다"는 초기의 컨셉으로는 시장의 반응을 얻지 못했다.

CJ는 핵심 타깃층에 좀 더 주목했습니다. '왜 사람들은 햇반컵반을 이용하는 걸까? 혼자 밥을 먹는 사람들에게 필요한 건 무엇일까? 단순히 밥과 국이 합쳐진 간편한 제품이 아니라 집에서도 식당에서 먹는 것처럼 즐길 수 있는 가정식 메뉴로 접근하면 어떨까?'

이런 생각들을 토대로 '밥과 국이 묶인 1+1 제품'이 아니라 '집에서도 즐기는 1인 식당'으로 컨셉을 바꿉니다.

"햇반이 나를 위해 차린 매일의 가정식, 1인 식당."

햇반컵반은 컨셉 하나 바꿨을 뿐인데 출시한 지 2년 만에 4,500만 개의 누적 판매율을 이뤄내고, 한 달 평균 180만 개를 팔아치울 정도로 엄청난 속도로 성장하는 브랜드가 됩니다. 더불어 햇반 단품의 판매도 덩달아 견인하는 부수적인 효과도 얻게 됩니다. 물리적으로 결합된 제품이라는 특징 하나로는 가치를 인정받지 못했지만 '한 사람을 위한 식당'이라는 새로운 역할이 부여되자 매력을 느낀 소비자들이 다시 한 번 돌아보게 된 것입니다. 가치를 만들어내는 가

"가정식 전문 1인 식당"이라는 새로운 역할이 제품을 긍정적인 이미지로 바꾸고 매력을 높이는 요인이 되었다.

장 확실한 방법은 브랜드에 새로운 역할을 만들어주는 것입니다.

타깃층에 역할을 부여하라

   전 세계에서 가장 많은 생활용품을 판매하는 P&G의 핵심 타깃은 주부입니다. 핵심 타깃에게 호의적인 브랜드 이미지를 유지하는 것은 모든 브랜드들이 반드시 지켜내야 할 덕목이지요. P&G는 한 아이의 엄마인 주부들의 자존감을 높여주자는 목표 하에 올림픽 시즌에 새로운 캠페인을 진행합니다.

   "Mom is the best job in the world(엄마는 지상 최고의 직업입니다)."

   이 광고 캠페인에서는 올림픽의 영웅이 탄생하기까지 가장 중요한 역할을 한 사람은 엄마들이었다는 사실을 보여줍니다. 'House wife(주부)'는 단순히 집안을 돌보는 여성이 아니라 세계에서 최고를 만들어내는 최고의 직업이라는 새로운 역할을 부여해준 것이지요.

    타깃층에게 새로운 역할을 부여해주는 것은 브랜드에 새로운 기운을 불어넣어주는 일입니다. 소비자들은 그런 브랜드에 관심을 보입니다. 남들이 다 하는 뻔한 이야기가 아닌 자신들의 이야기에 귀를 기울이는 것은 자연스러운 일이지요. 그때야말로 브랜드가 전달하고자 하는 메시지를 정확히 그리고 기쁘게 수용할 수 있는 순간입니다. 브랜드 간에 차별점이 없는 시장이라면 제품이나 타깃층에 새로운 역할이 필요하다는 시그널일 수도 있습니다.

거인의 어깨를
지렛대 삼아라

주변에 보면 영화 대사나 영화 장면 같은 것을 잘 기억하는 친구들이 있습니다. 그러고는 결정적인 순간에 써먹곤 하던데, 전 도통 그런 쪽으론 젬병이어서 영화의 대사 같은 건 전혀 기억하지 못합니다. 그런 제가 절대 잊지 못하는 영화 대사가 한 개 있습니다. 코믹 영화의 대명사였던 〈주유소 습격사건〉에서 배우 유오성 씨가 했던 대사입니다.

"난 한 놈만 팬다."

혼자서 여러 명을 상대할 때 이길 수 있는 방법으로, 한 놈만 죽어라고 패다 보면 지켜보는 나머지들도 꼭 자기가 맞는 것 같은 기분이 들어 덤비지 못한다는 것이지요. 결국 한 번에 여러 놈들을 패는 것과 같은 효과를 낸다는 이야기였습니다. 꽤 우스꽝스러워 보이지만 강력한 경쟁자들이 긴장하게 만들고 싶다면 유념해둘 필요가 있는 이야기입니다.

10년 전만 해도 '정통 트래디셔널 캐주얼'하면 폴로였습니다. 폴로의 로고만 박고 있어도 먹어주던(?) 시절이 있었지요. 폴로의 아성을 깨보기 위해 경쟁 브랜드들은 이런저런 노력들을 많이 했습니다. 폴로처럼 고급스런 풍광이 있는 멋드러진 비주얼의 광고도 해보고, 빅 모델을 통해 이슈를 끌어모은 후 제품의 기능적 장점을 보여주기도 했습니다. 하지만 모두 다 폴로의 아성 앞에서는, 브랜드의 존재감조차 갖기 어려웠습니다. 10여 년간 정통 트래디셔널 캐주얼의 넘버원 자리는 누구도 넘볼 수 없는 철옹성과 같았습니다.

그런 폴로를 불편하게 만들었던 브랜드가 있었습니다. 바로 LG패션의 해지스HAZZYS입니다. 철옹성 같은 폴로가 지키는 시장을 흔들 수 있었던 데에 결정적인 역할을 한 것은 바로 해지스의 새로운 캠페인이었습니다.

"굿바이 폴."

해지스가 겨냥했던 것은 '폴'이 들어가는 두 개의 강력한 라이벌 브랜드, 폴로와 빈폴이었습니다. 그들을 상징하는 심볼(폴로선수와 자전거 탄 사람)마저도 옛 모습에 굿바이를 전하고 해지스를 선택하게 된다는 컨셉의 광고였지요. 해지스는 단숨에 소비자들에게 폴로나

말을 탄 폴로 선수가 해지스 매장에 시선이 끌려 새로운 옷으로 바꿔 입고
폴로의 상징인 말을 버리고 떠난다는 설정이다.

자전거를 탄 여자가 해지스에 시선이 끌려 캐주얼한 복장으로 바꿔입고
자전거를 버리고 떠난다는 설정이다.

빈폴과도 견주어볼 수 있는 캐주얼 브랜드로서의 존재감을 알립니다.

물론 해지스는 이 광고 전에도 존재했던 브랜드였습니다. 하지만 특별한 존재감은 없었습니다. 그런 브랜드가 취할 수 있는 방법 중 하나는 소비자의 머릿속에 있는 강력한 자 혹은 넘어서야 할 경쟁자의 어깨를 짚고 이야기하는 것입니다. 강력한 경쟁 브랜드를 지렛대 삼아 그 위로 올라가는 전략을 구사한 해지스는 당시 매출이 전년 대비 20% 이상 성장하였고, 단숨에 폴로, 빈폴과 어깨를 나란히 하는 3위 브랜드로서의 위상을 얻을 수 있었습니다.

Not A But B

한국에서도 유명한 〈왕좌의 게임〉〈트루 블러드〉 등 걸작 미드로 인기를 끈 케이블 채널 HBO는 1972년 드라마와 스포츠에 집중한 '엔터테인먼트 전문채널'이라는 기치를 걸고 개국했습니다. 당시는 ABC, NBC, CBS 같은 공중파 채널의 전성시대였습니다. 무료인 공중파 채널들과 달리 유선 케이블 TV의 한계를 가지고 있었던 HBO는 소비자들이 돈을 내고 볼 만한 가치를 제공하지 않으면 절대 경쟁자들과의 싸움에서 살아남을 수 없는 상황이었습니다. 공중파와 같은 프로그램 구성으로는 시청자들을 끌어올 수 없었지요.

HBO는 유료라는 높은 장벽을 극복하기 위해 그들의 핵심가치였던 '재미'를 강조하기로 했습니다. 거기에 빠져들 수밖에 없는 프로그램으로 사람들의 기대감을 얼마나 끌어낼 수 있을 것인지가 관건이었습니다. 무엇보다 기존의 공중파 채널들과는 전혀 다른 존재감을 드러낼 수 있는 그런 컨셉이 반드시 필요했습니다.

그들이 선택한 방법은 'Not A but B'였습니다. 이 방법의 핵심은 모든 경쟁자를 부정하여 자신의 정체성을 돋보이게 하는 것입니다. 기존에 알던 것을 부정하는 새로운 존재에 대해 궁금증을 가지게 만드는 것이지요.

"It's not TV. It's HBO(TV가 아니다. HBO다)."

이 카피는 시청자들로 하여금 신선한 충격을 선사했습니다. 기존의 공중파 3사를 일반적인 TV라고 칭하며 우리는 그런 TV가 아니라는 주장에 놀랐습니다.

'도대체 HBO가 뭐길래 TV가 아니라는 거지? 지금까지의 TV랑은 뭐가 다른 거지?'

HBO는 궁금증을 유발하는 컨셉으로 마케팅 활동을 시작하여 수십 년째 미국에서 가장 많은 사람들이 보는 케이블 채널로 확고히 자리 잡았습니다. 지금도 공중파에서는 절대로 볼 수 없는 소재와 퀄리티의 프로그램들이 많아서, 시청자들의 많은 사랑을 받는 채널입니다. 경쟁자들의 어깨를 짚고 TV 그 이상임을 어필했던 그들의 컨셉은 수십 년이 지난 지금도 여전히 지켜지고 있습니다.

"TV가 아니다. HBO다."라는 컨셉으로 이목을 집중시킨 미국 케이블 유료 채널 HBO의 로고. HBO는 'Home Box Office'를 의미한다.

가구가 아니라는 침대

    마케팅이라는 개념이 도입된 1970년 이후 대한민국에는 많은 브랜드들이 출시되었습니다. 그중에서도 컨셉 하나로 시장을 놀라게 할 만한 결과를 이뤄낸 브랜드는 손에 꼽습니다. 가장 으뜸이 되는 것을 꼽으라면 에이스침대의 컨셉을 들고 싶습니다.

    당시 침대 시장에는 푹신하고 안락함만을 강조한 제품들이 많았습니다. 하지만 침대는 사람의 건강에 가장 중요한 수면과 관련된 것이기에, 그저 푹신하기만 한 것으로는 부족하다고 에이스침대는 생각했습니다. 그들이 만든 침대는 시중에 나와 있던 침대 그 이상의 것이기 때문입니다. 그래서 사람의 신체와 수면을 분석하여 만들어낸 에이스침대만의 기술을 강조합니다. 다른 제품들이 따라올 수 없는 특별한 침대가 가진 제품의 특징을 부각하면서, 그들과는 격이 다른 브랜드로 자리매김할 수 있는 컨셉을 만들어냈습니다.

오랜 시간 변함없이 그 자리를 지키게 해준 에이스침대의 컨셉은 시대가 변해도 쉽게 바꿀 수 없는 가치가 있다는 것을 여실히 보여주는 좋은 예이다.

"침대는 가구가 아닙니다. 과학입니다."

이처럼 침대는 가구가 아니고 과학이라고 말하는 순간 에이스침대는 가구 이상의 제품이 되고, 경쟁자들은 가구라는 개념에 갇혀버리게 됩니다. 기존의 제품들이 수납이나 가장 본원적인 기능 외에 추가적인 기능이 아무것도 없는 평범한 가구에 불과하다고 가정하고 시작한 것입니다. 자신을 돋보이게 하기 위해 기존 경쟁자들을 한 가지로 정의하여 디딤돌로 삼는 전략이지요. 이처럼 소비자들이 동의할 수 있는 규정을 디딤돌로 삼아 컨셉을 만들면 그 브랜드는 높아지고 경쟁자는 낮아지는 효과를 얻게 됩니다.

하지만 단순히 '우리는 경쟁자들과는 달라.'라고 말한다고 해서 소비자들이 곧이곧대로 받아들이는 것은 아닙니다. 제품의 차별점이 명확하고 뛰어난 경우에만 동의를 끌어낼 수 있습니다.

넘지 못할 벽은 없다

이미 한 분야에서 확고히 자리 잡은 브랜드가 있다고 해도 넘지 못할 엄청난 벽은 아닙니다. 골키퍼가 있다고 골이 안 들어가는 것도 아니니까요. 넘사벽인 경쟁자를 이기는 방법은 피하거나 도망치기, 정면승부하기 같은 것이 아닙니다. 그들을 딛고 점프하거나 마치 지렛대처럼 그 힘을 역으로 이용하여 올라가는 것입니다.

이런 컨셉 전략을 레퍼런스 포지셔닝Reference Positioning이라고 합니다. 소비자들이 가지고 있는 강력한 참조점을 이용하여 그 참조점의 수준까지 이르게 하는 방법이지요. 후발주자들이 단숨에 선발 브랜드와 어깨를 나란히 할 수 있는 인지도를 얻도록 돕는 아주 좋은 기술입니다.

하지만 아무리 좋은 검도 누구에게 들려 있느냐에 따라 적을 부수는 명검이 되기도 하고, 살인을 하는 살인자의 검이 되기도 합니다. 레퍼런스 포지셔닝은 기존 소비자들의 인식 속에서 굳건히 자리 잡은 브랜드를 딛고 서는 것이기 때문에 어떻게 표현하느냐가 굉장히 중요합니다. 내가 돋보이기 위한 메시지를 거부감 없이 전하려면 남을 비난하거나 남을 깔아뭉개는 식의 화법은 지양해야 합니다. 소비자들이 인정하는 브랜드를 폄하하는 것은 결국 소비자의 선택을 인정하지 않는 것으로 받아들이게 됩니다. 때문에 경쟁 브랜드를 언급할 때는 최대한 세련되고 위트 있게 해야 합니다.

이러한 전략으로 잘 알려진 사례로는 배달통과 배달의 민족의 마케팅 경쟁을 들 수 있습니다. 배달의 민족이 내세워 화제가 된 "살찌는 것은 죄가 아니다"라는 광고에, 배달통은 "살찌는 것이 죄라면 배달통은 무기징역"이라고 받아쳤습니다. 이런 식으로 경쟁 브랜드의 컨셉을 재치 있게 활용한 전략은 유쾌한 분위기로 소비자의 마음을 쉽게 열 수 있고, 두 브랜드 모두 긍정적인 이미지를 형성하여 관심이 집중되는 효과를 가져왔습니다.

비슷한 예로 버거킹과 맥도날드 간의 경쟁도 유명합니다. 버거킹은 맥도날드의 상징인 피에로 캐릭터 '로날드'가 버거킹에서 햄버거를 주문하기 위해 줄을 서고 있는 모습을 광고에 담았지요. 이후에도 버거킹은 유사한 광고를 선보이며 재치 있는 방법으로 '잠자는 맥도날드의 코털'을 주기적으로 건드려 소비자에게 강렬한 인상을 심어줬습니다.

이러한 전략은 해당 분야에 대한 관심을 불러와 시장 전체의 파이를 키울 수 있다는 점에서 경쟁자들도 기꺼이 동참하고 있는 추세입니다. 예전처럼 일방적으로 한 브랜드를 깔아뭉개는 방법으로는 좋은 반응을 끌어낼 수 없습니다. 모두에게 '윈윈'의 결과를 가져오는 컨셉만이 소비자에게도 긍정적으로 받아들여질 수 있기 때문이지요.

비어 있는 틈을
찾는 방법

이름 하나만 바꿨을 뿐인데

    야구에 '추격조'라는 말이 있습니다. 경기에서 큰 점수 차로 지고 있을 때 더 이상 점수 차가 벌어지지 않도록 미리 막아내고 타자들로 하여금 추격할 수 있는 발판을 마련해주는 투수들을 일컫는 말입니다. 이들을 추격조라고 부른 것은 그리 오래 된 일은 아닙니다. 그 전에는 추격조를 '패전처리조'라고 불렀습니다. 패전처리조라고 하니 왠지 다 진 경기 마무리나 하는 팀으로 인식되었습니다. 그러다 보니 팬들도 투입된 투수들의 실력이 좋지 않을 거라는 편견을 가졌고, 실력 있던 선수들도 패전처리조로 분류되면 으레 다 진 경기인데 뭐 열심히 할 필요가 있겠느냐는 생각이 팽배했습니다. 한 번 패전처리조 투수로 낙인찍히면 영원한 패전처리조로 남아 선수 인생을 마감하곤 했습니다.

이때 한 야구팀에서 '우리는 경기를 포기하지 않는다. 추격한다.'는 새로운 의미를 부여해서 패전처리조의 이름을 추격조로 바꿔 부르기 시작했습니다. 그러자 신기하게도 선수들의 눈빛이 달라지고 패전이던 경기를 뒤집는 역할을 하게 되었습니다. 그때부터 '경기를 뒤집는 데 일조를 하는 선수들'이란 긍정적인 이미지로 바뀌게 되었습니다. 추격조에서 잘해서 승리조로 넘어가고 거기서도 좋은 역량을 발휘하면 마무리 투수가 되는 경우가 점점 많아졌습니다.

패전처리조에서 승리를 추격한다는 의미의 추격조로 이름 하나만 바꿨을 뿐인데 결과가 달라졌습니다. 추격조에 속한 선수들의 마음가짐이 바뀌게 되고, 그렇게 바뀐 마음가짐은 다시 더 나은 선수가 되게 하는 발판을 만들어주었습니다. 주어진 상황을 어떻게 보느냐에 따라 문제를 풀어가는 방향이 달라질 수 있습니다. 모두가 같은 곳을 바라보고 판단할 때 정반대편에 서서 보면, 아니 보려는 노력만 해도 이렇게 생각지도 못한 결과가 만들어지기도 합니다.

오래오래 입고 싶은 옷

우리나라에는 다시다, 초코파이, 하이트, 라네즈와 같은 장수 브랜드들이 있습니다. 브랜드의 평균 생명주기가 3년도 되지 못하는 요즘 같은 시대에 이런 장수 브랜드를 만들기란 쉽지 않습니다. 그럼에도 불구하고 트롬은 드럼 세탁기 시장을 개척하여 지금까지 사랑받고 있는 브랜드입니다. 수십 년 동안 통돌이 세탁기가 점령하던 시장을 단번에 무너뜨리고 10여년 넘게 사랑받는 브랜드가 될 수 있었던 것도 소비자들의 마음을 사로잡기에 충분한 컨셉이 있었기 때문입니다. 생각해보면 필자가 좋은 컨셉 디렉터가 되어야겠다고 마음을 먹게 된 계기가 바로 트롬의 론칭 캠페인입니다.

2002년까지만 해도 대부분의 세탁기는 통돌이 방식이었습니다. 그런데 LG전자에서는 새로운 형태의 세탁기를 개발합니다. 미국에 가면 볼 수 있었던 세탁기 입구가 앞으로 나와 있는 드럼 세탁기 방식이었지요. 그 당시 광고를 만드는 대행사들 사이에서도 도대체 어떤 광고가 나올까 관심이 많았습니다. 그만큼 광고를 수주하기 위한 경쟁도 치열했고, 그 결과물이 담긴 기획서를 구해서 보려고 애썼던 기억도 납니다.

기획서 속의 광고주는 고민이 참 많았던 걸로 보입니다. 통돌이 방식에 익숙하던 소비자들이 과연 이런 생소한 방식의 세탁기에 많은 비용을 지불해가며 구입하려고 할까? 고급 세탁기로 포지셔닝

하고 싶은데 그랬다간 일부 소비층만을 위한 제품으로 남게 되는 것은 아닐까? 대한민국 세탁기 시장에서 새로운 흐름을 만드는 세탁기가 될 수 있을까? 등등 여러 가지 고민이 광고주의 오리엔테이션 자료에 녹아 있었습니다.

소비자의 습관을 바꾸는 건 정말 힘든 일입니다. 긴 시간이 필요하고 비용도 많이 들지요. 이럴 때 접근할 수 있는 가장 쉬운 방법은 USP(Unique selling proposition) (해당 제품의 고유한 특징) 즉 제품의 가장 강력한 장점을 내세우는 것입니다. 대부분의 광고주나 제품 생산자들은 신제품이 나오면 그 제품의 고유한 특성만 잘 보여줘도 소비자들이 바로 알아보고 기존의 제품 대신 자신의 제품을 선택해줄 거라고 생각합니다. 하지만 꼭 그렇게 되지는 않습니다.

소비자는 순순히 새로운 브랜드나 제품을 받아들이지 않습니다. 기존의 것들이 그들의 머릿속에서 크게 자리를 차지하고 있기 때문에 들어갈 틈이 없지요. 생각의 관성과 습관은 그 자리를 쉽게 내어주지 않습니다. 그래서 제품의 특성을 잘 보여주는 것만으로는 부족합니다. 그 제품을 구매할 타깃층의 필요를 정확하게 파악하여 비어 있는 틈을 찾아내야 합니다. 새로운 제품을 통해서만 얻을 수 있는 혜택을 드러내야 가치를 인정받을 수 있습니다.

트롬의 광고 경쟁 프레젠테이션에서 승리했던 회사가 제안했던 새로운 관점은 드럼 세탁기의 USP가 아니라, '새로운 형태의 프리미엄 세탁기가 주는 직접적인 혜택이 무엇일까?'였습니다. 수많은

깨끗하게 오래오래 입으려고 꼭 트롬으로 세탁한다는 모델의 멘트는
트롬을 프리미엄 세탁기로 인식할 수 있게 만드는 중요한 역할을 했다.

　소비자 조사를 거쳐 일반 가정에서 빨래하는 패턴을 살펴보며 사용자들의 입에서 나왔던 가장 통찰력 있는 혜택을 찾아내었습니다.
　그들이 주목한 포인트는 '좋은 세탁기'가 아니라 '좋은 옷'이었습니다. 누구나 좋은 옷 하나씩은 가지고 있고 좋은 옷을 세탁할 때는 기존 통돌이 세탁기가 아니라 세탁소에 맡긴다는 소비자들의 행위Behavior를 읽어낸 것입니다. 그렇게 매번 세탁소에 맡기는 것이 쉽지 않으니 좋은 옷을 위한 좀 더 좋은 세탁기가 있었으면 한다는 필요를 발견해냈지요. 트롬은 '오래 입고 싶은 좋은 옷'을 위한 세탁기로 포지셔닝하기로 했습니다.

"오래오래 입고 싶어서, 트롬."

이 컨셉으로 소비자들은 드럼 세탁기가 통돌이 세탁기에 비해 더 프리미엄한 세탁기라고 생각하기 시작했습니다. 신혼부부의 혼수품, 새 집으로 이사 가는 주부들이 가장 갖고 싶은 세탁기로 자리 잡기 시작했지요. 10년이 지난 지금 대부분의 가정집에 어떤 세탁기가 있는지 살펴보면 이 캠페인의 결과를 미루어 짐작할 수 있습니다. 트롬은 그야말로 드럼 세탁기의 대명사가 되었습니다. 카테고리의 대표가 되도록 만들어준 컨셉은 모두가 바라보고 생각하는 곳 반대편에 숨어 있었던 것입니다.

성질 급한 LTE = 빠르다

예나 지금이나 브랜드 담당들은 자신의 제품을 표현할 때 우리는 이런 게 좋아요, 저런 게 좋아요 하며 제품의 강점만 말해달라고 합니다. 물론 경쟁사들과 비교해서 훨씬 압도적인 기능이면 별다른 토를 달지 않겠지만 그렇지 않으면 소비자를 같은 편으로 삼고 있는 광고회사의 기획자들은 아무리 좋은 말로 포장한다 해도 뜻대로 잘 되지 않는다는 걸 알고 있습니다.

'성질 급한 한국인을 위한 LTE'라는 컨셉으로 사용자 중심의 관점에서 만든 광고 캠페인이다.

특히 광고 공해를 일으킨다고 생각될 정도로 많은 양의 광고를 집행하는 통신사들의 경우가 바로 그러합니다. 통신사 광고는 '우리가 더 잘 터져' '우리가 더 빨라' 하고 외치며 특정한 기술 보여주기로 점철되어 있는 경우가 많았습니다.

LTE 통신 서비스가 나오면서 통신 3사의 '제일 잘나가는(빠른) 서비스'가 되기 위한 치열한 전쟁이 펼쳐졌습니다. 점유율 부분에서 1등의 위치를 점하고 있던 SKT는 이번에도 그 지위를 유지하기 위해 마케팅에 많은 자원을 투여하는 총공세를 펼쳤습니다. 상대적

KT는 빠르다는 것을 상징적으로 보여줄 좋은 모델로 스타워즈의 다스베이더를 광고에 출연시켰다.

으로 자원의 열세를 겪을 수밖에 없던 KT는 그들과 같은 방법으로는 이길 수 없음을 알았습니다. 어차피 LTE 서비스의 차별점이 크지 않다면 그것을 이용하는 대상 쪽을 바라보는 전략이 필요하다고 판단했습니다. "우리는 이렇게 더 빠른 LTE를 제공합니다."가 아니라 "빠른 인터넷이 필요한 사람을 위한 LTE에요."라고 이야기함으로써 '기술' 그 자체의 차이가 아니라 그 기술을 위한 '사람'으로 관점을 바꾼 것입니다.

"성질 급한 한국 사람, 성질 급한 olleh 4G LTE."

이 광고 캠페인에서는 프린터에서 출력물이 나오기도 전에 손으로 끄집어내고, 라면이 익는 시간을 기다리지 못해 덜 익은 라면을 먹는 일상적인 설정으로 성질 급한 한국 사람을 보여줍니다. 그리고 그들을 위한 LTE가 나왔다고 선포함으로써 이목을 집중시켰습니다. 또한 실제 제품에 대한 기능을 보여주기 위한 본편 광고에는 빠름의 상징으로 스타워즈의 'WARP'를 활용합니다. 대한민국 최초로 스타워즈의 다스베이더를 광고에 출연시켜 센세이션을 일으켰지요.

이 캠페인이 성공했던 가장 큰 이유는 결국 관점의 전환입니다. 모든 경쟁자들이 '빠른 서비스'라는 품질 경쟁에 치우쳐 있을 때 그것을 사용하는 '사람'에게로 관점을 전환시킨 것입니다.

누구나 관점을 전환하는 게 정답이고 좋은 솔루션이라는 것은 잘 알고 있습니다. 하지만 컨셉을 만들다 보면 늘 하던 방식대로만 고민하게 됩니다. 다른 방향에서 바라보려는 시도가 쉽지 않다는 말입니다.

앞서 말한 트롬의 컨셉이 시장에서 작동하게 된 본질적인 이유는 모두가 세탁기에 주목하고 있을 때 세탁기 안에 들어가는 옷에 주목했다는 점입니다. "우리는 고급세탁기예요." "드럼통이 옆에 있어서 잘 빨려요."가 아니라, "드럼 세탁기라서 좋은 옷을 더 오래 입을 수 있게 도와줘요."라고 말하자 소비자들이 반응하기 시작했습니다.

이렇게 소비자의 마음을 움직이려면 기존의 경쟁자들과는 완전히 다른 가치를 보여주는 컨셉이 필요합니다. 모두가 한 곳을 바라볼 때 다른 곳을 바라보고 거기에 확신을 갖게 되면 분명히 좋은 컨셉을 만날 수 있습니다. 같은 관점의 싸움은 레드오션입니다. 남들과는 다른 지점을 보기 시작하면 블루오션의 자리로 나아갈 수 있습니다.

속마음을 알아채야
컨셉이 보인다

남들과 달라 보이고 싶은 욕망

　여자들은 강하게 자신을 리드해줄 수 있는 남자를 좋아한다는 말이 과연 사실일까요? 사회심리학의 연구들을 보면 데이트에서 일일이 물어보는 남자보다는 미리 스케줄을 잡아놓고 알아서 착착 잘하는 남자를 더 좋아한다는 결과를 종종 보게 됩니다. 실제로 배려한답시고 어떤 결정을 내릴 때마다 일일이 물어보는 남자보다는 자기가 알아서 여자의 마음을 읽고 결정을 내려주는 편을 더 선호하는 경향이 있다고 합니다. 데이트 준비로 귀찮게 신경 쓸 필요도 없고, 함께한 식사나 영화가 형편없더라도 스스로에게는 그다지 책임이 따르지 않기 때문이지요. 이런 까닭에 여자들은 연애 경험이 없는 초짜보다는 다소의 연애 경험이 있는 남자들을 선호하기도 합니다. 물론 여자의 마음에 대한 연구 결과이긴 하지만, 상대방이 내 속마음을 읽고 알아서 해주기 원하는 건 남녀가 다르지는 않을 것입니다.

소비자와 브랜드의 연결고리인 컨셉도 그 한 축인 소비자의 마음을 읽는 게 어떤 것보다 좋은 전략이 될 수 있습니다. 이번에는 소비자들의 속마음이 얼마나 좋은 원재료가 될 수 있는지 살펴보도록 하겠습니다.

한때 입시 영어학원 프랜차이즈가 성행하던 시절이 있었습니다. 영어 공부에 대한 사람들의 관심이 한창 높던 터라 정상어학원, 아발론 등 다양한 영어전문학원들이 우후죽순처럼 많이 생겨나던 시절이었습니다. 지금이야 모바일이나 인터넷 강의로 영어를 효과적으로 배우는 학생들이 많아졌지만, 당시만 해도 영어를 배우는 방법은 좋은 학원을 만나는 것이 유일했습니다. 그래서 어학원들이 TV 광고를 많이 하기도 했지요.

치열한 경쟁이 있는 곳에는 소비자들의 머릿속에 남기 위한 전쟁이 벌어지기 마련입니다. 청담어학원도 그 전쟁의 중심에 있었습니다. 모든 브랜드가 그렇듯 대부분의 어학원들은 자신만의 강점을 전달하는 데 집중했습니다. 하지만 다른 어학원들의 천편일률적인 광고를 보고 청담어학원이 나아갈 길을 파악한 광고주는 이런 과제를 주었습니다.

"차별화된 기업 이미지 구축을 통한 봄 학기 모객 극대화."

차별화된 이미지를 만들려면 어떤 이야기를 해야 할까? 청담어학원의 강점인 '기본기^{Fundemental}', 외국 유명 학위를 가진 선생님들을 내세운 '인적 자원의 우수성' 혹은 'Global Track 강화'와 같은 특징을 보여줘야 할까?

하지만 어느 한 방향으로 초점을 맞추는 건 청담어학원만의 차별화된 메시지를 전달하는 것이 아니라는 결론을 내렸습니다. 다른 어학원들이 구구절절 자신의 이야기를 떠들 때 그들과 같은 전략으로 비슷한 어학원들 중 하나로 남는 것이 아니라, 다른 어학원들과는 격이 다른 특별한 어학 브랜드로 만들자는 게 광고회사가 제안한 솔루션이었습니다.

광고회사가 주목했던 부분은 청담러닝이 가진 강점이나 우수한 선생님을 자랑하는 것도, 시스템을 말하는 것도 아니었습니다. 바로 주요 타깃층이었습니다. 더 정확히 말하면 그들의 마음속에 숨겨진 욕망이었습니다. 사람들은 누구나 내가 속한 무리에서 더 나아 보이고 싶은 욕망이 있는데, 남들과는 전혀 다른 사람이 되고 싶다는 배타성의 욕구는 그보다 더 큽니다.

남들과는 달라 보이기 원하는 욕망, 조금 앞서 나가는 것을 넘어서 남들이 따라올 수 없는 위치에 먼저 오르고 싶은 마음. 그런 욕

좋은 점수, 좋은 학교, 좋은 회사. 영어의 끝이 여기까지라면 잘 살 수 있지만, 청담러닝의 목표는 그 이상이라는 것을 보여준 광고 컨셉이다.

구가 가장 큰 사람들은 누구일까요?

청담러닝이 주목한 타깃은 내 아이에게 좋은 것만 주고 싶어하는 숨은 욕망의 주체, 바로 부모들이었습니다. 부모들은 영어를 공부하는 수많은 대한민국 학생들보다 내 아이가 더 높은 수준의 교육을 받기 원합니다. 다른 아이들보다 영어공부를 더 잘할 수 있게 도와주는 곳, 미국이나 호주에서 어학 연수하지 않아도 그 정도 수준으로 영어를 교육시켜줄 것만 같은 곳. 그런 영어 학원이 있다면 부모들은 당연히 찾아갈 수밖에 없지요.

청담러닝의 캠페인은 그런 부모들의 속마음에서 컨셉을 찾았습니다. 많은 돈을 들이지 않고서도 대한민국 수준 이상의, 대한민국 학교 교육 이상의 영어공부를 할 수 있게 도와 줄 어학원으로 포지셔닝하려 했던 것입니다. 그들은 누구나 목표로 하는 좋은 점수, 혹은 좋은 학교나 좋은 회사에 들어가는 것이 영어 교육의 끝이라면 그것은 문제가 되지 않는다고 말합니다. 오히려 주어진 시험 문제를 뛰어넘는 아이들, 세계를 무대로 나아갈 수 있는 아이들로 교육하기 위해 고민해야 한다는 것입니다. 남들이 다 하는 시험을 위한 영어교육이 아니라 보다 수준 높은 차원의 진짜 영어교육을 한다는 메시지는 부모들의 마음을 움직였습니다.

"시험지 안에선 시험지가 좁은 아이들, 대한민국 안에선 대한민국이 작은 아이들을 위한 청담러닝."

그런 아이들로 키우고 싶은 부모 혹은 그런 갈증이 있는 학생이라면 쉽게 지나치기 어려운 이야기입니다. 이 컨셉으로 청담러닝은 독보적인 존재감을 가지며 프리미엄 영어 교육 브랜드로 자리 잡는 데 큰 성과를 이뤄냈습니다.

바보가 되길 부추기는 브랜드

이태리의 청바지 브랜드인 디젤^{DIESEL}의 시작은 사실 빈티지였습니다. 직물학교에서 염색을 배우고 공장에서 일을 하던 렌조 로소 Renzo Rosso는 우연히 친구에게서 선물받은 2미터짜리 데님을 가지고 어떤 청바지를 만들까 고민하다가 바닥에 문질러서 해진 천으로 나팔바지를 만들게 됩니다. 이렇게 만든 빈티지 청바지는 주변 친구들 사이에서 인기였지요.

로소는 이 경험을 계기로 보통의 청바지가 아닌 트렌드에 연연하지 않는 개성 있고 남다른 청바지를 만들겠다는 일념 하에 자신만의 브랜드를 만들었는데, 그것이 바로 글로벌 브랜드로 성장한 디젤입니다.

개성 있는 청바지를 만들겠다는 정신으로 시작했던 디젤의 주요 타깃은 기득권에 대한 저항의식이 가득하며 도발적이고 개성이 강한 세대들, 바로 20대였습니다. 하지만 디젤은 이태리의 20대로만 한정하지 않았습니다. 그들의 꿈은 더 컸지요. 그들은 전 세계 20대의 마음을 훔치는 브랜드로 거듭나고 싶었습니다. 그들의 마음을 얻을 수만 있다면, 남다른 기술로 만들어진 디젤의 청바지는 최고로 자리매김할 수 있을 거라는 확신을 했습니다.

디젤은 도전적이고 반항적인 브랜드 이미지를 일관되게 유지하기 위해 매장 디스플레이에 더 신경썼고, 전단지 하나를 제작하더라도 전통적인 방법은 배제했으며 광고도 비주류의 미디어들을 활용했습니다. 디젤의 파격적인 시도는 미디어 선정에서 주로 드러나는데, 주요 잡지가 아닌 성적 소수자들을 위한 월간지 『아웃Out』이나 경제 웹진 『위얼드Weird』, 미국의 음악 전문 채널 〈MTV〉 등에 광고를 게재했습니다. 유행에 민감한 젊은 층에게 가장 효과적인 광고매체라고 판단했기 때문입니다.

그뿐 아니라 체인점 및 백화점 매장의 의존도를 줄이는 대신 디젤에서 직접 운영하는 직영 소매점의 비율을 늘이는 방향으로 유통전략을 변경했습니다. 디젤은 1996년 뉴욕 렉싱턴에 약 $400m^2$ 규모의 첫 번째 플래그십 스토어Flagship Store(인기상품을 위주로 브랜드 이미지를 극대화한 매장)를 열었고, 런던, 로마 등에도 연이어 진출했습니다.

디젤은 당시 반항적이고 반사회적인 젊은 이들의 문화를 대변하고자 했습니다. 하지만 그들의 전폭적인 지지를 받은 디젤도 경제위기로 인해 어려운 시기를 맞이 하게 됩니다. 전 세계적으로 번진 청년 실업의 증가는 브랜드의 위상이나 매출에 있어서 이례적인 부진을 가져왔습니다. 디지털 시대를 맞이한 소비자들은 시대에 맞는 새로운 브랜드를 원했습니다. 하지만 프리미엄 브랜드인 디젤은 고가의 상품이 주요 라인업이었기 때문에 가성비 중심의 소비문화에서는 외면받기 쉬운 상황이었습니다.

디젤은 다시 20대의 마음을 사로잡아야 했습니다. 20대는 평범하고 일상적인 것들을 싫어합니다. 그들은 질서, 규칙과 같은 것들로부터의 단절을 필요로 합니다. 아직 젊기 때문에 꿈을 찾아 나서야 하고, 그 꿈을 얻기 위해 위험도 기꺼이 감수할 수 있는 시기이기 때문이지요.

디젤의 크리에이티브 팀은 20대에 회사를 창업했던 렌조 로소에게서 컨셉의 힌트를 얻습니다. 그의 좌우명이자 디젤의 브랜드 철학을 떠올린 것입니다.

"BE STUPID(세상 앞에서 바보가 되라)."

똑똑한 사람은 현상을 보고 비판하며 모든 일에 계획을 갖고 움직이지만 바보는 가능성을 보고 도전하며 자신만의 이야기를 창조합니다. 그렇기 때문에 바보가 된다는 것은 용감하다는 것을 의미하며 실패를 두려워하지 않는다는 것과 같습니다.

이러한 디젤의 철학은 광고 캠페인뿐만 아니라 인재를 뽑을 때도 적용되고 있을 정도로 모두가 공유하고 있던 생각이었습니다. 크리에이티브 팀은 이것이야말로 새로운 시대를 맞이한 20대 청년들이 경제 위기의 우울한 시기를 이겨내기 위해 반드시 가져야 할

도발적이고 평범하지 않은
도전을 부추기는
디젤의 광고 포스터.

덕목이며, 그들의 마음을 움직일 수 있는 이야기라고 판단했습니다.

Smart says no, Stupid says yes.
똑똑한 사람들은 아니라고 말하고, 바보들은 예스라고 말한다.
Smart listens to the head, Stupid listens to the heart.
똑똑한 사람들은 머리로 이해하고, 바보들은 가슴으로 듣는다.
Smart may have the answer, but stupid has all the interesting questions.
똑똑한 사람들은 답을 알고 있지만, 바보들은 흥미로운 질문을 갖고 있다.
Smart May have the brains, but stupid has the balls.
똑똑한 사람들은 지식을 가지고 있지만, 바보들은 깡을 가지고 있다.

이 캠페인을 본 전 세계의 젊은이들은 디젤이 던진 메시지에 공감하고 엄청난 환호를 보내주었습니다. 움츠려 있고 기죽어 있던 20대들에게 다시 한 번 꿈과 희망 그리고 용기를 주었던 컨셉이기 때문입니다.

여자의 속마음을 잘 읽어내는 남자가 사랑받는 것처럼 브랜드도 마찬가지입니다. 좋은 컨셉은 소비자의 속마음을 먼저 알아채는 것입니다. 그럴 때 소비자는 브랜드의 이야기에 공감하고 애정을 느낍니다. 그런 브랜드를 쉽게 외면할 수 있을까요? 사랑받고 선택받는 브랜드가 되기 위해서는 사람들이 고이고이 숨겨 놓았던 속마음을 끄집어내야 합니다.

잘 맞춰야 산다

Me Me Me Generation

 가끔 타임지의 표지를 보곤 합니다. 아무래도 광고마케팅 일을 하다 보니 세대를 규정해주는 글이 보이면 놓치지 않는 편이지요. 10년 전 온라인 세대^{Web generation}을 규정하는 글을 봤는데 당시 이 세대를 규정하는 한마디는 'Me generation'이었습니다. 이 세대들은 '나'를 중심으로 사고하고 행동하고 소비한다는 내용이었습니다.
 지금은 온라인 세대가 가고 모바일이 문을 연 진정한 디지털 세대^{Digital generation}입니다. 최근 타임지는 지금의 디지털 세대를 이끄는 1980년부터 2000년 사이에 태어난 이들의 행태를 규정한 글을 게재했는데 Me generation보다 더 나아간 'Me Me Me Generation'이라고 규정합니다. 그리고 새로운 세대를 이렇게 정의하고 있습니다.

"똑똑하고 알뜰하며 게으르고 나르시스트이다. 그리고 얕다."

이런 세대의 특징을 잘 파악한 기업들은 그들을 정확히 겨냥한 브랜드를 앞다투어 론칭했습니다. 결국 새로운 세대들이 향후 미국의 핵심 소비자가 될 것이고, 이들의 마음을 얻은 브랜드만이 시장

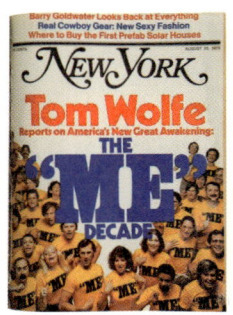 

●○ 10년 전 온라인 세대를 규정하는 'Me Generation'. '나'를 중심으로 사고하고 행동하고 소비하는 세대를 말한다.
○● 온라인 세대가 가고 새로 등장한 디지털 세대를 규정하는 'Me Me Me Generation'. 합리적인 가격대에 나를 위한 맞춤 소비를 원하는 세대를 말한다.

에서 살아남을 수 있다는 것을 알았기 때문이지요. 새로운 세대를 만족시키지 못하고 기존의 방법과 행태를 고집해온 브랜드들은 하나둘씩 뒤쳐지기 시작했습니다.

전 세계적으로 새로운 세대가 핵심 소비자가 되면서 벌어지고 있는 브랜드의 입지 변화는 비슷한 양상을 보여주고 있습니다. 한국의 상황도 크게 다르지 않습니다.

"아무리 바쁘더라도 피부 관리는 대충 할 수 없기에 화장품 하나는 이것저것 골고루 써본다는 김 양. 예전처럼 명품 화장품, 연예인이 쓰는 화장품이 아니라 나에게 맞는 화장품이 더 좋다는 실속파인 그녀. 나에게 맞지도 않으면서 어이 없이 비싼 화장품을 쓸 생각은 눈곱만큼도 없습니다.

하지만 대학생 때처럼 이것저것 살펴보고 살 수 있는 시간적 여유가 없습니다. 돈은 있는데 시간이 없는 그녀. 예전처럼 발품 팔아가면서 직접 써보고 구매하진 못해도 아무거나 고를 순 없기에 인터넷을 통해 화장품의 정보를 얻어보려 합니다.

'무슨 브랜드가 이렇게 많고 리뷰 댓글들은 왜 이렇게 각양각색이지? 어떤 사람은 좋다고 말하고 어떤 사람은 별로라고 하고. 도대체 알 수가 없네.'

하지만 정보가 너무 많은 것은 오히려 그녀를 헷갈리고 혼란스럽게만 합니다. 이럴 때 누군가가 나타나 '이 제품이 요즘 너에게 잘 맞을 거야. 여름인 점을 감안해서 이 제품도 같이 써 봐!' 하고 추천하면서 한 번쯤 써볼 수 있도록 보내준다면 얼마나 좋을까요?"

이런 니즈는 최근 IT업계에서 불고 있는 큐레이션, 즉 개인화·맞춤화 바람이 전자 상거래에까지 전파되는 배경이 되었다. 이제 현대인은 영화, TV 드라마 등의 콘텐츠 소비뿐만 아니라 물품 구입에서도 믿을 만한 사람의 조언이나 추천을 참고해 자신의 상황과 취향에 딱 맞는 '맞춤화 소비'를 하고자 한다.

- 『신동아』 2012년 8월호 -

화장품 구독 서비스의 시작

소비자들의 욕구를 정확히 반영하여 진입장벽이 높은 화장품 시장에서 각광을 받는 브랜드가 있습니다. 바로 미미박스^{MEMEBOX}입니다. 화장품 업체들이 매장에서 공짜로 나눠주던 샘플들을 모아 소비자의 취향과 상황에 맞게 여러 개의 제품으로 구성하여 정기적으로 배송해주는 서비스 플랫폼입니다. 신문과 잡지를 구독해서 보는 것처럼 일일이 매장을 방문하지 않고도 다양한 제품을 경험해볼 수 있게 된 것입니다. 커피 두 잔 값으로 내가 필요로 하는 화장품에 대한 새로운 정보를 직접 얻고 체험해볼 수 있다는 점이 주요 컨셉

"나에게 맞춘 화장품 전문가 큐레이션 서비스"
미미박스는 '맞춤'을 연상시키는 'ME ME'라는 단어를 활용하여 브랜드 컨셉을 명확히 하였다.

이었지요.

　더불어 생산자 입장에서는 새로운 마케팅 툴이 하나 더 늘어난 셈입니다. 자사의 매장에 소비자를 부르거나 따로 홍보를 하지 않아도 미미박스를 통해 신제품을 확신시킬 수 있게 된 것입니다. 특히 유명하진 않아도 제품에 자신이 있는 브랜드라면 미미박스를 통하는 것이 적은 비용으로 큰 효과를 거둘 수 있는 가장 좋은 마케팅이 되었습니다. 미미박스가 세상에 나오기 전까지는 화장품 브랜드가 론칭하려면 막대한 비용을 들여서 제품 개발을 하고, 명동이나 강남 등 금싸라기 땅에 매장을 열어야 했습니다. 또 유명 모델을 써서 광고를 하고 영업사원들은 백화점, 면세점 등 다양한 판매 채널을 뚫는 것이 정석이었습니다. 기존 화장품 브랜드처럼 많은 자본을 가지지 않고서는 새로운 화장품 브랜드를 론칭한다는 것은 엄두도 낼 수 없습니다. 하지만 화장품 구독 서비스로 큰 사랑을 받은 미미박스는 이를 기반으로 자체 브랜드 제품을 만들어 새로운 화장품 브랜드로 거듭나고 있습니다.

침대도 맞추는 시대

"침대는 가구가 아닙니다, 과학입니다." "흔들리지 않는 편안함." 그동안 이 두 가지 컨셉이 우리나라 침대 시장을 점령해왔습니다. 대다수 사람들은 이렇게 생각했지요.

'침대는 가구가 아니니까 과학적으로 몸에 맞게 잘 만들었겠지. 역시 에이스야.' '침대가 흔들리면 불편하지. 흔들리지 않고 잡아주니까 나에게 맞는 침대겠네. 역시 시몬스야.'

대한민국의 마케팅 역사에 컨셉 하나로 이만큼 괄목할 만한 성과를 이룬 브랜드는 거의 없다고 해도 과언이 아닐 정도입니다. 제품에 맞는 좋은 컨셉으로 마케팅을 잘 해낸 두 브랜드는 침대 시장에서 강력한 강자로 자리매김합니다.

그런데 절대 깨지지 않을 것처럼 보이던 이 시장에 작은 균열을 낸 제품이 최근 등장했습니다. 주방가구의 대명사였던 한샘이 가구 시장 전반에서 넘버원 브랜드로 치고 올라 온 것입니다. 이케아가 한국 시장에 들어온 이후로 침체되어 있던 국내 가구 브랜드가 고전을 면치 못할 거란 모든 이들의 예상을 깨고 한샘의 매출은 오히려 늘어났다고 합니다.

한샘은 이런 자신감을 기반으로 일반 가구 중에서도 가장 중요한 가구인(물론 어떤 브랜드는 침대는 가구가 아니라고 하긴 했습니다만) 침대 시장 공략에 나서게 됩니다. 침대 시장의 전통적 강자 시몬스와 에이스의 아성을 넘기 위해 한샘이 가지고 나온 컨셉은 좀 더 합리적인 소비자에게 집중했습니다.

"침대 맞춤법."

침대는 가구 중에서도 고가로 구성된 제품군입니다. 그동안의 추

가족 계획, 구성원의 스타일에 맞춰 침대를 골라야 한다는 새로운 생각을 심어준 컨셉.

세는 비싼 제품인 만큼 좋은 제품일 거라는 인식이 있었습니다. 그래서 믿을 수 있는 유명 브랜드를 기준으로 선택할 수밖에 없었던 것이지요. 하지만 이제 소비자가 변했습니다. 더 이상 '비싼 것=좋은 것'이라고 생각하지 않습니다. '모든 사람들'을 위한 좋은 재료와 좋은 기술로 만들어진 비싼 제품보다는 합리적인 가격에 '나에게만 맞는 제품'이라는 점에 더 큰 가치를 두게 되었습니다. 그런 사람들의 마음을 읽은 한샘은 생활 및 수면 패턴, 체형, 가족 구성원 등 상황에 맞추어 각기 다른 맞춤 침대를 제공하기로 했습니다.

지금까지 소개했던 미미박스와 한샘은 당장 시장을 뒤엎는 결과를 만들어내지는 못했습니다. 하지만 두 브랜드는 기성 제품들과는

평소의 수면자세를 통해 나에게 가장 잘 맞는 침대를 찾아볼 수 있도록 제시한 한샘의 홈페이지.

전혀 다른 새로운 브랜드와 제품을 시장에 선보일 기회를 얻게 되었습니다. 즉 시장의 파이를 일부분 가지고 올 수 있게 되었다는 의미입니다. 그런 기회를 얻을 수 있었던 이유는 결국엔 새로운 세대의 필요를 정확히 파악하여 만들어낸 "나에게 맞춘 제품(혹은 서비스)"이란 컨셉 때문이었습니다.

새로운 세대는 제 아무리 시장에서 신뢰를 얻고 사랑을 받는 제품이라고 해도 불특정 다수를 위한 것에는 큰 의미를 두지 않습니다. '나'에게 전적으로 맞추고 '나'의 취향을 반영하여 '나'의 편의를 도모해준 맞춤 시스템에 반응하고 있습니다.

Me Me Me Generation인 디지털 세대는 기존의 전통적인 이유가 더 이상 구매의 요인이 되지 않는다는 것을 보여줍니다. "나에게 맞춰주세요. 그래야 살 겁니다." 새로운 세대의 소비자에게 맞춰주는 브랜드만이 살 수(살아남고, 소비자들이 구매할 수) 있는 시대가 온 것이 분명합니다.

Pain Point를 찾아주는 컨셉

불편함에서 읽어낸 것들

디지털 시대에 가장 큰 변화와 도전을 겪고 있는 분야를 꼽아보라면 단연 여행업계일 것입니다. 여행지에서 호텔이 아닌 현지인의 집에 묵을 수 있는 서비스를 만들어낸 에어비앤비(airbnb)로 인해 여행업계는 일대 격변을 겪게 됩니다. 우리가 알고 있던 여행의 고정관념이 하나둘씩 깨지고 있는 상황입니다. 그로 인해 여행의 방식도, 여행하는 사람들도 변하기 시작했습니다.

지금까지 여행은 '어디로 가느냐'가 중요했다면 이제는 '누구와 함께 무엇을 하느냐'가 더 중요해졌습니다. 이제 여행은 '나를 반영하는 활동'이 된 것입니다. 사람들은 여행을 그저 둘러보고 오는 '관광'이 아니라 직접 체험해보고 부딪쳐보는 '경험'으로 바라보기 시작했습니다.

여행을 바라보는 관점이 변하자 여행자들은 기존의 여행사의 상품에 만족하지 않았습니다. 천편일률적인 현지의 유명 관광지를 둘러보는 수박 겉핥기식의 패키지 여행으로는 더 이상 변화된 여행자의 욕구를 충족시킬 수 없었던 것이지요. 자유롭게 개별 여행을 하면서도 그 나라와 현지를 제대로 경험할 수 있는 진짜 여행을 갈망하기 시작했습니다. 하지만 처음 방문한 여행지에서 무엇을 해야 할지, 어디를 가야 할지 모르는 것은 너무나 당연했습니다. 진짜 여행을 즐기고 싶어도 방법이 없었던 것입니다.

이런 여행에 대한 불편함을 읽어낸 사람들이 있습니다. 패키지 대신 개별 여행을 할 때 현지 여행 프로그램과의 연결이 어려운 것에 착안하여 나온 여행 서비스 플랫폼 마이리얼트립^{my real trip}입니다.

"누구나 여행 갈 시간이 충분하진 않아요. 직장이 있는 30~40대에겐 시간이 소중하죠. 배낭 여행할 때처럼 몸으로 부딪치며 시행착오를 겪기 힘들어요. 특히 가족 여행을 가는 40대의 경우, 아버지 혼자 여행 준비를 다 하기 어려우시잖아요. 가이드가 있으면 좋겠지만 패키지로는 부족할 때, 그럴 때 마이리얼트립이 딱 좋은 거예요. 현지인 가이드가 관광지마다 설명도 해주고 같이 일정도 조정하며 자유롭게 여행할 수 있으니까요. 사실 파리에 가면서 누구나 루브르를 들를 필요는 없잖아요. 누군가는 여행 내내 맛집을 섭렵할 수도 있고, 또 공원에서 몇 시간 여유롭게 누워 있을 수도 있는 거예요. 모두 각자의 니즈에 맞춰 자신만의 여행을 가는 거지요. 저희는 그런 여행 문화를 따라가고 있어요."

- 마이리얼트립 대표 이동건 인터뷰 中 -

마이리얼트립에서는 현지인이 아니면 예약하기 힘든 해외 각지의 미술관, 공연, 액티비티를 예약할 수 있습니다. 예컨대 영국 런던 피카딜리 서커스에서 공연 중인 뮤지컬, 호주 현지인이 진행하는 서핑 강좌 같은 것들입니다.

'현지 경험'을 컨셉으로 한 새로운 여행 플랫폼, 세상에 없던 여행 서비스를 대한민국에 론칭한 마이리얼트립은 작은 애플리케이션으로 시작했지만 두 번의 투자 유치를 이끌어냈고, 지금은 아시아에서 가장 사랑받는 여행 서비스로 거듭나겠다는 포부를 밝히고 있습니다.

현재 로마, 파리, 바르셀로나, 오사카, 뉴욕, 타이페이, 홍콩 등 전 세계 도시에서 8,200개의 프로그램을 제공하고 있고, 하루 평균 예약 건수는 약 1,100건, 지난해 매출은 160억 원에 이르는 가장 성공한 스타트업으로 손꼽히고 있습니다.

불과 5년 전만 해도 10명 이내의 작은 스타트업에 불과했던 마이리얼트립이 어떻게 이토록 눈부신 성공을 할 수 있었을까요? 그들이 주목한 것은 바로 '불편함'이었습니다. 여행에서 관광지만 둘러보고 오는 것이 아니라 진짜 현지의 일상을 경험하고 다양한 활동을 체험하고 싶다는 욕구, 그렇지만 그런 서비스를 해주는 곳이 거의 없다는 것을 눈치챈 것이지요. 모두가 그 사실을 외면하고 기존에 해오던 방식의 서비스를 제공하고 있을 때 오직 마이리얼트립만이 그 불편함을 해소하는 여행플랫폼을 만든 것입니다.

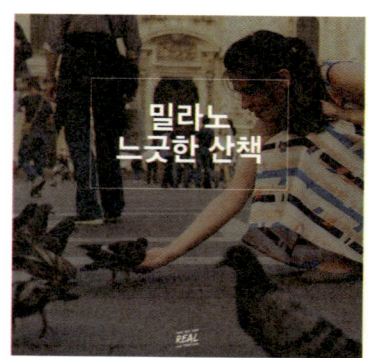

마이리얼트립의 "현지인 가이드와 함께 하는 진짜 여행."

You need Brand? No Brand!

이마트, 홈플러스, 롯데마트와 같은 대형 마트들의 경쟁은 그 어떤 분야보다도 치열합니다. 우리의 생활 전반에 해당하는 품목을 맡고 있다 보니 거래량이나 돈의 단위 자체가 엄청나게 크지요. 그래서 아무나 시장에 들어올 수 없을 정도로 높은 진입장벽이 있는 분야이기도 합니다. 취급하는 제품의 특성상 새로운 시장 혹은 수요를 창출해내는 것 자체가 어렵다 보니 서로의 파이를 뺏어오기 위해 극단의 방법을 사용하곤 합니다.

마케팅에서 가장 꺼내 쓰기 쉽지만 지양해야 하는 카드가 바로 '가격할인 경쟁'입니다. 마트 업계에서는 이러한 막장 가격할인 싸움이 횡행했습니다. 시장의 넘버원 브랜드인 이마트는 이런 방식으로는 더 이상 매출을 증대시킬 수 없다고 판단하고 새로운 돌파구 마련에 적극 나서게 됩니다.

기존의 마트는 제조사에 의해 만들어진 브랜드 제품을 진열하고 판매하는 단순 유통 채널에 머물러 있었습니다. 그러다 보니 소비자들이 필요로 하는 브랜드의 제품은 반드시 구비해야 했고, 이런 구조로는 상대적으로 이익을 얻기 힘들었습니다. 그래서 이마트는 자체적으로 브랜드력을 갖춰야겠다는 결정을 합니다. 유통채널에만 머무르는 것이 아니라, 직접 브랜드 제조사가 되어 제품을 만들기로 한 것입니다.

이마트의 "No Brand" 제품은
'최적의 소재와 제조방법을 찾아
가장 최저의 가격대를 만드는 것.
이것이 노브랜드의 이념과 철학이며
당신이 스마트 컨슈머가 되는 길'이라는
메시지를 담았다.

    이마트가 주목한 것은 바로 자체 PB브랜드였습니다. 당시만 해도 PB브랜드는 가격이 싸지만 제품력은 그저 그런, 싸니까 산다는 말이 딱 맞는 저가제품이었습니다. 사람들이 갖고 싶고 사고 싶은 브랜드로서의 가치는 전혀 존재하지 않았습니다. '어떻게 하면 PB브랜드를 소비자들이 사고 싶은 브랜드로 만들 수 있을까?' 이마트의 고민은 여기에서 시작되었습니다.

    고민이 무성하던 2015년 당시의 키워드는 '가성비'였습니다. 전 세계적으로 경제 위기의 여파가 휩쓸고 간 뒤 흥청망청하던 분위기는 가고 사람들은 좀 더 냉철한 소비를 하게 됩니다. 예전처럼 갖고 싶은 것을 바로 구매하기보다 하나를 사더라도 나에게 필요한 것인지, 합리적인 가격인지를 점검하는 똑똑한 소비자가 늘어났습니다. 유명한 브랜드면 제품의 기능이나 성능이 어떻든지 상관없이 믿고 구매하던 소비 패턴도 변하기 시작했습니다.

이마트는 제품 그 자체의 질과 상관없이 가격만 올리는 브랜드에 대한 소비자들의 실망을 놓치지 않았습니다. '거품을 제거하고 제품의 질을 높인다면 선택받을 수 있겠다. 그게 설령 PB브랜드 일지라도.' 브랜드를 만들고 유지하는 데 드는 비용을 오히려 제품의 질을 높이는 데 쓴다면 승산이 있겠다고 생각했습니다. 그래서 나온 브랜드가 바로 노브랜드$_{\text{No Brand}}$입니다.

노브랜드는 브랜드보다 소비자에게 집중하겠다는 의지를 디자인에서부터 여실히 보여주었습니다. 노란색 바탕, 검은색 글씨, 간략한 소개글로 불필요한 디자인을 과감히 제거했습니다. 이렇게 비용을 절감함으로써 최저의 가격대를 형성할 수 있었다는 것을 시각적으로 드러낸 것이지요. 이마트는 유명 제조사들과 손잡고 제품을 생산하여 품질을 높이고, 가격상승의 원인이 되는 유통마진을 줄였습니다. 또한 홍보를 위한 과다한 마케팅 비용을 쓰지 않는 등의 노력이 소비자들에게 선풍적인 인기를 얻는 이유가 되었습니다.

브랜드에 대한 소비자의 불편한 마음에서 출발한 노브랜드 전략은 단순히 PB브랜드가 아닌 이마트의 별도 브랜드가 될 정도로 급성장하게 됩니다. 이마트 외에서도 노브랜드만 따로 구매할 수 있는 전용 매장까지 생겨났을 정도이니까요.

소비자의 불편함을 'Pain point'라고 마케터들은 말합니다. 이를 먼저 발견해내는 것이 중요한데 그러려면 대상을 면밀히 살펴봐야 할 것입니다. 뿐만 아니라 시대의 흐름을 읽어내는 노력도 게을리하면 안됩니다. 마이리얼트립이 여행 패턴의 변화를 읽어낸 것과 이마트가 기존 브랜드에 대한 소비자들의 실망감과 합리적인 구매에 대한 목마름을 포착한 것처럼 말이지요.

그들의 Pain point를 긁어주고 치료해주는 게 결국은 컨셉이 될 것입니다. 소비자는 불편함을 입 밖으로는 잘 끄집어내지 않습니다. 팔아야 하는 사람이 그 마음속 불편함을 찾아내서 해결해줘야 합니다. 불편함에 집중할 때 비로소 컨셉이 보입니다.

소비자와 친해지는 공감의 기술

나도 그래, 영어마비

모바일 시대가 열리면서 영어 교육 시장에도 지각 변동이 생겼습니다. 정해진 시간에 직접 학원에 가기보다 언제 어디서든 영어 수업을 들을 수 있는 모바일 영어 학습이 늘어난 것입니다. 기존의 오프라인 영어 학원인 파고다나 YBM도 수업 내용을 그대로 모바일에 구현해놓은 애플리케이션이 있었지만 소비자들은 모바일에 좀 더 최적화된 영어학습 브랜드를 원했습니다.

모바일 영어교육 하면 딱 떠오르는 브랜드가 부재하던 시절, 대

외국인이 말을 걸자 당황하는 상황 연출을 통해 누구나 공감할 수 있게 접근한 스피킹맥스의 영어마비 캠페인.

부분 광고를 통해 시장을 리드하려는 전쟁을 펼치고 있었습니다. 어떤 브랜드도 주도권을 잡지 못하고 있던 상황에 돋보이는 브랜드가 등장했습니다.

"영어마비엔 스피킹 맥스."

평상시에 열심히 영어학원을 다니고, 미드 보겠다고 자막까지 출력해서 공부하는 사람들이 막상 외국인과 마주치기만 하면 아무 말도 하지 못하고 머릿속이 마비가 되는 것. 스피킹맥스에서는 이런 불편한 상황을 '영어마비'라는 컨셉으로 설정했습니다. 영어마비가 온 사람이라면 누구나 스피킹맥스를 찾으라는 멘트도 빠뜨리지 않았습니다.

"도대체 무슨 브랜드인데 내 얘기를 하고 있는 거지?"

한국 사람이라면 누구나 한 번쯤 공감할 법한 이 에피소드는 대중의 이목을 끌기에 충분했습니다. 남의 이야기가 아니라 내 이야기 같은 상황이 TV 화면으로 나오니 당연히 시선을 뗄 수 없었던 것입니다.

물론 이 광고 한 편으로 스피킹맥스가 어떤 영어교육 서비스를 하는지는 자세히 알기 어려웠습니다. 광고를 통해서 자신의 장점을 구체적으로 나열하는 전략을 취한 것은 아니었기 때문이지요. 이미 수많은 브랜드가 난립하고 있는 상황에서 누가 1등 브랜드인지 알 수 없을 때 가장 먼저 해야 할 건 브랜드의 이름부터 각인시키는 것입니다. '모바일 영어교육' 하면 딱 떠오를 수 있게 말이지요. 스피킹맥스는 영어마비라는 카피가 바로 떠오를 수 있는 공감 가는 상황 연출을 통해 영어 공부가 필요한 사람들이 브랜드 자체에 친근감을 가질 수 있도록 했습니다.

정신 차려, 우리가 도와 줄게

공감대 형성이 중요한 타깃층은 아무래도 청춘이라고 불리는 20대일 것입니다. 『아프니까 청춘이다』라는 책이 그리도 유명세를 타던 2012년, 5포 세대라고 말할 정도로 각박한 현실에 내동댕이쳐진 청춘들에 대한 이야기가 넘쳐났습니다. 일에 치이고, 공부에 치이고, 뭐 하나 정신 차릴 것 없이 바쁘고 힘들게 사는 청춘들에 대한 이야기가 사회적으로 담론화되던 시기입니다.

이때 롯데칠성에서는 특별한 음료 브랜드를 출시합니다. 바로 핫식스라는 에너지 드링크입니다. 이미 미국에서는 피곤하고 바쁜 대학생들을 위한 각성음료로 레드불, 몬스터 등의 브랜드가 엄청난 인기를 구가하고 있었습니다. 한국시장에도 박카스, 비타500과 같은 자양강장제가 있었지만, 젊은 층에서는 그다지 음용되지 않았습니다. 롯데칠성은 새로운 에너지 드링크 시장의 가능성을 보았습니다. 즉 자양강장제가 아닌 에너지 드링크로 포지셔닝한 레드불과 몬스터가 젊은 세대들에게 어필한다는 점을 포착한 것이지요.

핫식스가 대한민국 첫 번째 에너지 드링크이다 보니 시장에 처음 나왔을 때는 에너지 드링크 본래의 특성을 충실하게 전달하는

"에너지 업"이라는 에너지 드링크 고유의 특성을 그대로 보여준 초기의 컨셉은 큰 반응을 끌어내지 못했다.

정신없이 바쁘게 일하며 어이없는 실수를 하는 장면들.
청춘들에게 힘내라는 메시지를 전하며 공감을 끌어낸 핫식스의 TV 광고이다.

컨셉이었습니다. 효능을 있는 그대로 보여주는 '에너지-업energy up' 이라는 카피로 홍보를 시작했습니다. 그러나 제품의 속성만으로는 타깃층을 움직일 수 없었습니다.

롯데칠성은 시장에서 이슈를 만들어낼 새로운 방법을 강구하게 됩니다. 에너지 드링크가 필요한 주요 타깃층의 상황을 먼저 이해하고 공감하는 방법을 선택했습니다. 젊은 층에게 가장 강력한 임팩트를 주는 방법은 그들이 공감할 수 있는 쇼크를 주는 것이라 생각했습니다. 그래서 만들어진 새로운 컨셉은 힘들고 바쁜 삶을 살아가는 20대에게 힘을 주는 한마디였습니다.

"청춘 차렷, 핫식스!"

입술이 너무 메말랐다는 친구의 말에 챕스틱 대신 딱풀을 입에 바르는 청춘들에게, 전화 통화하느라 정신이 없어서 은행 ATM기계에서 찾은 돈을 영수증 대신 분쇄기에 넣어버리는 청춘들에게 "너희들 바쁘고 힘들지? 정신 차려! 우리가 도와줄게."라고 핫식스는 말합니다.

청춘들은 자신에게 공감해준 브랜드에 엄청난 환호를 보내주었습니다. 야근할 때는 물론이고 심지어 클럽에서 놀기 전에도 핫식스로 에너지를 보충시켜 놓는다는 사람들도 많아졌습니다. 피로하고 지친 청춘들에게 더 열심히 일하고, 더 열심히 놀고, 더 열심히 살 수 있게 만들어주는 에너지 음료로 확고히 자리 잡게 된 것입니다.

브랜드와 소비자 상호 간에 공감대를 형성하면 친해지는 건 일사천리입니다. 그렇게 친해지고 나면 상대가 궁금해지는 법입니다. 시키지 않아도 먼저 호구조사부터 하고 성향을 파악하려고 합니다. 브랜드와 소비자의 관계도 인간관계와 마찬가지입니다. 인지도가 없는 브랜드가 주목을 받으려면 소비자가 공감할 수 있는 지점을 먼저 찾아줘야 합니다. '맞아, 나도 그래!' 하고 느끼기 시작하는 순간 서서히 마음이 열리기 때문입니다. 심리적으로 가까워져야 관심을 가지게 되고 그래야 브랜드를 기억하게 됩니다.

스파크를 만드는 낯선 단어의 조합

낯선 것들의 만남

비 오는 어느 날, 평소에 인지하지 못하고 지나쳤던 광화문 뒤편 인왕산이 안개에 싸인 한 폭의 그림 같은 모습으로 눈에 들어왔다. 발길을 멈추고 가슴 벅차 하염없이 바라보던 그 새로운 경험. 인왕산은 항상 거기에 있었다. 그러나 내가 감동하며 바라보았던, 안개에 싸인 인왕산은 더 이상 예전의 낯익은 인왕산이 아니다. 비와 안개를 통해 낯설게 된 전혀 새로운 인왕산이다.

바로 이러한 가슴 벅찬 감동의 경험을 인위적으로 반복하려는 인간의 시도가 예술과 같은 창의적 작업의 본질이다. 일상의 '낯설게 하기'를 통해 이뤄지는 창조적인 미학적 경험들은 우리 주변에서도 아주 쉽게 발견된다.

-김정운, 『노는 만큼 성공한다』 中-

    컨셉은 1장에서 언급했듯이 소비자의 필요와 제품의 소구점이 만나는 지점에서 출발합니다. 이 지점이 그냥 평범한 만남이 되느냐, 만나서 케미가 폭발하느냐가 컨셉의 성공을 좌우합니다. 이번에는 성공을 이끄는 방법으로 '낯선 만남'에 대해 이야기해보려 합니다. 남녀 간에는 낯설다는 감정이 만남에 방해 요소가 되기도 합니다. 하지만 컨셉을 만들 때는 낯선 두 개념이 만나 엄청난 굉음을 일으킬 가능성이 있습니다. 시쳇말로 귀에 걸린다고 하는데, 그런 컨셉으로 만들어진 것들은 한 번 들으면 무심코 흘려보내지 못하게 된다는 말입니다.

    "일단 유명해져라. 그럼 사람들은 당신이 똥을 싸도 박수를 쳐줄 것이다."라는 어느 예술가의 말처럼 일단 낯선 조합의 컨셉으로 화제가 되면 사람들은 브랜드에 더욱 집중하게 될 것입니다.

중력과 싸우다

　1939년 캐나다에서 출시되었던 원더브라^{wonderbra}는 우수한 기능으로 캐나다에서 많은 사랑을 받고 있었습니다. 경제 호황기이던 1970년은 여성들의 소비가 급격히 신장하였고, 패션사업도 폭발적으로 성장하던 때였습니다. 당시 캐나다의 마켓 리더였던 원더브라는 한 단계 더 성장하기 위해 브랜드의 포지셔닝을 바꾸는 결정을 합니다. '패셔너블&섹시$^{Fashionable\&Sexy}$' 이미지의 대표 브랜드가 되는 것을 목표로 삼고, 이를 달성하기 위해 대대적인 광고 캠페인을 집행하게 됩니다.

　원더브라는 여성들이 브래지어를 통해 가장 얻고 싶은 핵심적인 욕망에 집중합니다. 브래지어가 단순히 가슴을 보호하고 처짐을 막아주는 속옷이 아니라, '볼륨업$^{Volume-up}$'이라는 기능을 통해 이성에게 자신의 성적 매력을 극대화할 수 있게 만들어주는 하나의 패션으로서의 이미지를 담아내려 했습니다.

　볼륨업을 위해서는 끊임없이 가슴을 밑으로 잡아당기는 중력을 극복해야 합니다. 그래서 만들어진 컨셉이 바로 "중력과 싸우는 브라$^{Fighting\ with\ Gravity}$"였습니다. 여성을 위한 속옷을 두고 '중력^{Gravity}'이라는 단어가 나오는 것도 생소하지만 거기에 '싸우다^{Fight}'라는 의외의 단어를 조합한 것입니다.

　'세상에서 볼륨업에 가장 효과적인 브라'라는 메시지를 전달하

원더브라는 볼륨업을 위한 브라로서의 이미지를 강화하기 위해 "원더브라의 순수효과"라는 메시지를 담은 홍보를 이어나갔다.

는 데 이만큼 명확한 컨셉이 어디 있겠습니까? 뿐만 아니라 속옷이나 패션 제품에서 듣기 힘든 낯선 단어를 사용함으로써 소비자들의 이목을 끄는 데 탁월한 결과를 만들어냈습니다.

이 컨셉은 광고를 만드는 제작자뿐 아니라, 매장의 직원 그리고 팸플릿을 만드는 디자이너까지 각자의 위치에서 어떻게 해야 할 것인지 머릿속에 그림이 그려지게 해줍니다. 브랜드를 위해 무엇을 어떻게 해야 할지 그려진다면 결국 행동을 하게 될 것이고, 그 결과 브랜드는 컨셉을 명확히 전달할 수 있도록 생동감 있게 움직이는 모습을 보여줄 수 있습니다. 그런 브랜드에 사람들의 관심이 가는 것은 당연한 것입니다.

원더브라는 이후에도 지속적으로 '볼륨업=원더브라'라는 이미지를 강화하기 위해 "원더브라의 순수효과_{Wonderbra Pure Effect}" "볼륨업된 놀라운 당신을 경험해보세요_{Experience wonder you}"와 같은 메시지를

원더브라의 광고는 카피와 멘트 없이 장면을 통해 사람들의 시선을 한 몸에 받을 정도로 아름다운 가슴을 만들어주는 브래지어임을 직관적으로 보여주었다.

전달했습니다. TV 광고에서는 원더브라 하나로 좌중을 압도하는 분위기를 효과적으로 연출했습니다. 멘트 하나 없는 광고 컨셉이었지만 시선을 사로잡을 만큼 아름다운 가슴을 만들어주는 브래지어라는 의미를 명확히 전달했습니다. 이후 원더브라는 전 세계 여성들이 한 번쯤은 갖고 싶어하는 '머스트해브 아이템'으로 자리매김했습니다. 모든 브래지어가 아름다운 가슴을 만들어준다고 말하지만 원더브라처럼 소비자들이 스스로 믿고 구매하게 만드는 컨셉은 없었습니다.

당신을 감탄합니다

자동차 브랜드의 광고를 보면 거기서 거기처럼 보일 때가 참 많습니다. 자동차를 돋보이게 해줄 근사한 곳을 달리거나 자동차가 가진 성능을 유명 배우의 멋진 목소리로 설명해주는 것이 전부라고 해도 과언이 아닙니다. 그러다 보니 자동차 광고가 전달하려는 메시지를 정확히 기억하는 사람은 거의 없습니다. 설령 있다 해도 자동차에 관심이 아주 많은 사람이거나 해당 자동차를 구매하려고 염두에 두고 있던 사람일 확률이 높습니다.

그런 자동차 광고계에서, 더구나 길지 않은 자동차의 역사를 가진 대한민국에서 보기 힘든 낯선 컨셉으로 많은 이슈를 만들어냈던 자동차 브랜드가 있었습니다. 바로 기아자동차의 오피러스^{Opirus}입니다.

오피러스가 출시된 2003년, 기아자동차는 쏘렌토, 카렌스, 카니발, 세피아 등 중소형이나 SUV차종이 많았던 반면 중대형 세단 시장에서는 이렇다 할 성공 모델을 보유하지 못했습니다. 현대자동차의 소나타, 그랜저가 워낙 강력하게 자리 잡고 있던 터라 프리미엄 자동차 시장에 파고들기 위해서는 파격적인 등장이 필요했습니다. 기아자동차가 야심작으로 만든 고급 세단이라고 해도 평범한 컨셉으로는 그랜저의 아성에 묻히기 쉽다는 의견이 지배적이었습니다.

오피러스는 현대자동차의 다이너스티를 베이스로 만들어진 차종이었기 때문에 기능적인 부분에서는 그랜저와 대립각을 세우기 어려웠습니다. 결국 그들이 주목한 것은 소비자였고, 이 차를 타게 될 사람들의 삶의 모습에 초점을 맞춘 컨셉을 구상하게 됩니다.

'그랜저와 같은 앞선 성능의 고급 세단을 원하는 사람들은 과연 누구일까? 고급 세단을 탄 자신의 모습이 어떻게 보이는지 알려주는 건 어떨까?' 이런 고민들을 새로운 광고의 컨셉에 담았습니다.

"너무 앞서가는 당신, 당신을 감탄합니다."

이 컨셉은 호불호가 굉장히 강했습니다. 광고가 온에어 된 후 혹자는 '고급 자동차가 문법도 틀린 광고 문구를 사용하다니 믿을 수 없다.' '당신의 OO을 감탄합니다가 맞는 표현 아닌가?' '목적어가 없다.' '광고회사가 문법도 모른다.' '심의실은 뭐하냐?' 등 이런저런 말이 참 많았습니다. 반응은 좋지 않았지만 광고가 목표했던 것들은 하나둘씩 이뤄지고 있었습니다. 새롭게 등장한 오피러스라는 브랜드의 존재를 알리는 데 엄청난 역할을 하게 된 것이지요.

누구나 화제가 된 컨셉에 대해 관심을 갖게 되어 있습니다. 그게 선의든 호의든 간에 말입니다. 관심을 갖게 되면 그 컨셉이 도대체 무엇을 의미하는 것인지, 브랜드는 무슨 말을 하고 싶었던 것인지 생각해보게 됩니다. 브랜드가 전하려는 '감탄할 만큼 멋진 사람들이 타는 차'라는 메시지도 소비자들에게 정확히 전달되었습니다.

동전에는 양면이 있고, 하루에도 낮과 밤이 있듯이 이 기술도 완벽한 것만은 아닙니다. 분명 이 기술이 주는 단점도 있습니다. 낯선 조합의 문장은 문법을 따지고 들면 애매하고 틀린 표현이 많아서 의미 전달에 어려움을 주기도 합니다. 그래서 선뜻 시도하지 못하는 경우가 많습니다. 사람들의 지적이나 여론의 뭇매를 감당해야

감탄할 만큼 멋진 사람들이 타는 차로 포지셔닝한 오피러스의 광고 컨셉.
"예측하기엔 너무 앞서가는 당신." 이라고 규정해줌으로써 소비자의 마음을 움직였다.

하기 때문입니다.

이런 부작용에도 불구하고 상업적인 관점에서 보면 단점보단 장점이 더 큽니다. 악플보다 무플이 더 비참하다고 아무리 정확하고 좋은 의미를 가진 컨셉이라도 소비자들의 관심을 받지 못하면 아무 짝에도 쓸모 없게 되기 때문입니다.

하지만 낯선 단어가 만나서 눈에 띄면 분명 이목을 끌 수 있습니다. 그렇게 사람들이 관심을 가지게 되면 그제서야 컨셉이 전하려는 메시지까지 유심히 보게 됩니다. 수많은 메시지가 난무하는 마케팅 전장에서 눈에 띄는 컨셉만이 제품을 돌아보게 만들 수 있습니다. 그렇게 다시 보게 해주는 컨셉이야말로 좋은 컨셉이라고 할 수 있지요. 낯선 단어 간에 만남을 주선하십시오. 엄청난 스파크를 기대하면서.

주머니 속의 송곳처럼 뾰족하게 공략하라

극단적 일상 언어 쓰기

연극연출가인 콘스탄틴 스타니슬라브스키^{Constantin Stanislavski}와 리처드 볼레슬라브스키^{Richard Boleslawski}는 연기를 배우려면 일상생활에서 부딪치는 모든 것들을 감지할 수 있어야 한다고 말합니다.

"그것들은 배우의 감각과 근육에 기억으로 저장된다. 배우의 영감을 자극하는 유일한 것은 그가 매일매일 살아가면서 행하는 지속적이고 예리한 관찰이다."

달과 6펜스로 유명한 작가 윌리엄 서머싯 몸^{William Somerset Maugham}도 조금씩 뉘앙스는 달라 보이지만, '일상의 관찰이 주는 위대함'에 대해 강조하고 있습니다.

"작가들은 병실에서 날 것 그대로의 인간 본성을 볼 뿐만 아니라 필요한 과학지식을 충분히 얻음으로써 이 시대에 가장 중요한 삶의 측면에 대해 무지하지 않게 된다."

대중들의 마음을 사로잡아야 하는 컨셉을 만들 때도 마찬가지입니다. 절대로 잊지 말아야 할 것은 특별한 것을 찾기 위해 애쓰기 전에 우리 일상의 모습에서 무엇인가를 찾아내는 시도를 해봐야 한다는 것입니다.

현업에 있다 보면 여러 가지 유형의 컨셉을 접하게 됩니다. 특히 같이 일하는 직원들이 만든 컨셉들을 보면 흔히들 범하는 몇 가지 실수를 볼 수 있는데 그중의 하나가 바로 거창하고 포괄적인 표현들을 가져오는 것입니다. 하나의 컨셉 안에 최대한 많은 의미를 담아 만들려고 하는 것이지요.

그림을 그릴 때도 여러 가지 색깔을 덧칠하다 보면 검정색이 되듯이, 컨셉을 만들 때 여러 가지 의미를 담으려 하다 보면 죽도 밥도 아닌 무딘 컨셉이 되는 경우가 많습니다. 좀 더 직관적으로 받아들일 수 있는 날카로운 컨셉이어야 소비자들은 반응합니다. 그러기 위해선 극단적인 일상의 언어를 사용해야 합니다.

우리는 차갑습니다

2007년 주식투자 붐이 불어 너도나도 펀드에 가입하던 시절이 있었습니다. 관심이 뜨거운 분야인 만큼 기업들도 마케팅에 집중하다 보니 당시 TV만 켜면 증권사 광고가 나온다고 할 정도로 경쟁이 치열했습니다. 누가 무슨 이야기를 하는지 도통 알 수 없는 구구절절 나열하는 방식의 광고들로 넘쳐났지요.

당시 가장 돋보이는 행보를 걷던 회사는 높은 수익률로 많은 투자자들의 관심을 받던 미래에셋이었습니다. 안정적인 자산운용을 선호하는 50대 이상의 연령대보다는 적은 돈으로 높은 수익을 기대하던 20~40대층의 돈이 미래에셋으로 몰렸습니다. 작은 펀드로 시작하여 각광받는 증권회사로 거듭난 미래에셋은 한 단계 더 높은 곳으로 가기 위한 광고 캠페인을 기획합니다. '수익률이 높은 증권회사'의 이미지를 넘어 '투자전문기업'으로서 규모를 키우는 변신을 시도한 것이지요.

미래에셋은 투자 시장이 정확히 예측하기 어렵다는 점에 주목했습니다. 대부분의 투자자들은 이런저런 정보나 시류에 휩쓸려서 투자를 하는 양상을 보입니다. 손절매 타이밍을 놓치거나 사야 할 종

믿을 수 있는 냉철한 투자 전문가로서의 이미지를 심어준 미래에셋의 광고 컨셉.

목을 사지 못하기도 하고, 남들 따라 하다가 쪽박을 차기도 합니다. 대한민국에서 투자라는 것을 해본 사람이라면 누구나 공감할 수 있지요. 이런 투자자들에게 투자전문가는 어떤 존재여야 할까요? 객관적이고 냉철한 판단력으로 투자에 도움을 줄 수 있는 전문가들이어야 하겠지요? 이 세상이 기쁨과 흥분으로 가득할 때도 당신을 위해 차가워져야만 하는 사람들. 미래에셋은 그런 전문가라는 컨셉으로 접근하기로 했습니다.

"우리는 차갑습니다. 미래에셋."

차갑다는 것은 어떤 상황에서도 냉철하고 객관적으로 투자를 하겠다는 의미가 내포된 컨셉입니다. 만약 '우리는 객관적입니다.' '우리는 냉철합니다.'와 같이 보편적이고 개념적인 단어로 컨셉을 표현했다면 어땠을까요? 사람들의 시선을 붙잡는 데 어려움이 있었을 겁니다. 대부분 이렇게 평범하게 표현하고 있었기 때문입니다. 평범해 보이는 메시지에 소비자들은 반응하지 않습니다. 비슷비슷한 말들을 수없이 들었기 때문에 더 이상 새롭지 않지요. 하지만 '차갑다'는 표현은 확실히 사람들의 이목을 사로잡았습니다. 모든 금융 브랜드들이 인간적이고 따뜻한 이미지를 지향하는 상황에서 미래에셋이 내세운 차갑다는 표현은 더욱 극단적으로 보이는 효과가 있기 때문입니다.

엄마들이 싫어하는 옷

1989년에 도브 챠니$^{Dov\ Charney}$가 설립한 미국의 대표적인 의류업체인 아메리칸어패럴$^{American\ Apparal}$은 요즘 유행하고 있는 SPA의 개척자라고 해도 과언이 아닙니다. 아메리칸어패럴이 패스트패션의 선두주자가 될 수 있었던 데는 여러 가지 이유가 있겠지만 '틴에이저$^{Teen-ager}$' 즉 10대를 메인 타깃으로 정했다는 점이 가장 큰 이유입니다. 패션에 가장 민감한 10대를 겨냥하기 위해서는 패션 트렌드에 뒤처지지 않게 대응하면서 합리적인 가격을 고수할 수밖에 없었습니다.

아메리칸어패럴은 10대들의 마음을 강력하게 사로잡는 컨셉이 필요했습니다. '10대들의 옷'이라는 브랜드 이미지를 토대로 가장 쉽게 떠올릴 수 있는 컨셉은 '10대에게 가장 어울리는 옷' '10대를 누구보다 멋지고 화려하게'와 같이 평범한 것들이었습니다. 하지만 아메리칸어패럴은 그런 평범한 일상 언어로는 어디로 튈지 모르고 변덕이 죽 끓듯 하는 10대의 마음을 제대로 잡아내지 못할 거라는 판단을 했습니다. 좀 더 날것의 언어가 그들의 귀에 걸릴 수 있을 거란 판단을 한 것이지요. '반항기 가득한 10대들이 절대적으로 공감하는 옷'이라는 느낌을 살릴 수 있는 컨셉을 만들었습니다.

"엄마들이 싫어하는 옷, 아메리칸어패럴."

10대에게 엄마란 그야말로 매일 마주할 수밖에 없는, 어떨 땐 미웠다가도 좋을 땐 죽고 못사는 그런 존재이지요. 하지만 대부분은 사춘기 탓인지 엄마가 하라는 것의 반대로만 하려는 성향이 강합니다. 자신의 취향대로 옷을 고르면 엄마는 항상 안 된다고 하기 일쑤지요. 그렇다고 엄마 마음에 드는 옷을 입고 싶어하는 10대는 많지 않을 겁니다. '엄마들이 싫어하는 옷'은 그런 10대의 속마음을 정확히 읽은 컨셉입니다. 엄마가 싫어하는 것만큼 그들이 좋아할 만한 게 어디 있을까요?

아메리칸어패럴은 컨셉에 맞게 광고, 매장 디스플레이 그리고 제품의 디자인까지 모두 바꾸었습니다. 브랜드가 먼저 새로운 옷을 입고 나온 것이지요. 물론 엄마들은 불편하기 이를 데 없었을지 모를 이 컨셉은 브랜드의 귀한 자산으로 남았고, 지금도 도발적인 광고 캠페인으로 10대의 사랑을 받는 데 일조하고 있습니다. 그들은 예나 지금이나 도발적인 것에 맹목적인 사랑을 보낸다는 것을 증명

패션 트렌드를 빠르게 반영하고 합리적인 가격을 고수하는 전략으로 패스트패션의 선두주자가 된 아메리칸어패럴. 지금도 도발적인 광고로 10대의 지지를 받고 있다.

해내고 있는 셈이지요.

'낭중지추囊中之錐'라는 말이 있습니다. 주머니 속의 송곳이라는 뜻으로, 뾰족한 송곳은 가만히 있어도 반드시 뚫고 나오듯이 뛰어난 것은 어떻게든 세간의 눈에 띈다는 것을 비유한 말이지요. 컨셉은 하나의 브랜드 혹은 제품을 그렇게 만들어주는 존재입니다. 그래서 컨셉이 좋다는 것은 날카롭다는 말과 같습니다. 이것도 아니고 저것도 아닌 어중간한 것들로는 아무것도 이뤄낼 수 없습니다.

확실히 모 아니면 도인 극단적인 의미의 단어나 표현을 쓰면 컨셉은 뾰족해집니다. 컨셉이 날카롭고 뾰족해지면 원하는 타깃을 공략하기 훨씬 수월해집니다. 특히나 좁은 타깃층을 공략해야 하는 후발 주자라면 이 교훈은 절대로 잊지 말아야 할 것입니다.

신념이라는
강력한 컨셉

열정을 만나면 정열이 솟는다

광고를 만드는 것은 스트레스가 참 많은 일입니다. 가끔 스트레스를 해소하기 위해 번잡하고 정신없는 회사 근처 대신 집 근처의 안락한 술집에서 한잔 하곤 합니다. 집이 용산구 문배동이었는데, 그곳은 한때 인쇄소 거리로 불리던 곳입니다. 하지만 최근에는 디지털 시대가 되면서 인쇄 사업도 쇠락을 걷기 시작했고, 인쇄소들도 하나둘씩 그곳을 떠나 결국 폐허가 되어가고 있던 곳이었지요.

그런데 어느 순간부터 그곳에 이상한 가게들이 하나씩 생겼습니다.

'이렇게 슬럼화가 된 곳에 무슨 가게를 새로 연담? 쭈꾸미 가게? 지나가는 사람도 없는데 그런 식당이 되겠어?' 그러면서도 궁금했는지 '열정도 쭈꾸미'라고 쓰인 가게의 문을 열고 들어갔습니다. 식당 안에 있던 종업원들이 "어서오십시오." 하며 우렁찬 목소리로 저를 맞이했습니다. 허름한 가게 곳곳마다 재기 발랄한 포스터들이 붙어 있고 종업원들은 너나할 것 없이 즐거운 표정으로 그날의 유일한 손님인 저를 환하게 맞아주고 있었습니다. 들어가기만 해도 기운이 넘치는 그런 가게였지요. 메뉴판을 들춰보니 '청년장사꾼'이라는 글귀가 적혀 있었고, 궁금함은 잘 못 참는지라 그게 뭔지 물어보니 친절하게 답해주었습니다.

"청년장사꾼은 청년들이 만든 가게예요. 이 거리는 열정도(열정의 섬)라고 하고 청년장사꾼들이 모여서 몇 개의 가게를 열었어요. 여기서 드시고 다른 청년장사꾼의 가게에 가면 할인도 받고 그래요."

사실 이 가게의 쭈꾸미 맛은 다른 곳과 비슷했습니다. 하지만 그 어떤 쭈꾸미 가게보다 대접받는 기분이었고 덕분에 즐거운 시간을 보낼 수 있었습니다.

쭈꾸미 가게를 나와 돌아보니 청년장사꾼의 가게가 몇 개 더 보였습니다. 하나같이 즐겁고 신나게 일하는 모습이었습니다. 언뜻 보기에는 조금 산만하고 정신없어 보이긴 했지만, 다들 신나게 일한다는 느낌을 받았습니다. 이제는 지치고 힘들거나 혹은 즐거운 일이나 축하할 일이 있을 때 저도 모르게 청년장사꾼들의 열정도를

열정도 하면 생각나는 대표적인 가게
'열정도 고깃집', 철판요리와 와인의
앞글자를 따서 지었으나 지금은
치즈와 와인이 대표 메뉴인 '철인 28호',
기발한 아이디어가 돋보이는 센스 있는
간판과 메뉴판이 인상적인 '열정도 쭈꾸미'
(사진 순서대로). 모두 개성을 살린 독특한
인테리어와 다양한 메뉴로 새로운 볼거리와
먹거리를 제공하는 열정도의 대표 가게들이다.

찾곤 합니다.

 청년장사꾼은 치킨, 감자, 찜닭, 쭈꾸미 등 누구나 알고 있는 대중적인 음식을 팝니다. 맛이 〈수요미식회〉에 나올 수준까지는 아닙니다. 그렇다고 기발한 아이디어가 있는 요리도 아닙니다. 강남의 어느 레스토랑 종업원들처럼 잘 생기고 모델 같은 분들이 서빙하는 것도 아닙니다. 우리 주변에 흔히 볼 수 있는 편한 형, 동생 같은 분들이 일하고 있지요. 처음 방문했을 때 도대체 장사가 되겠나 싶었지만, 저녁이 되니 허름한 이 골목에 남녀노소 구분 없이 많은 분들이 찾아와 즐거운 시간을 가지는 것을 보게 되었습니다. 청년장사꾼의 창업자인 김윤규 씨는 그들의 시작을 이렇게 말합니다.

"저희는 시작할 때부터 몇 십 년 동안 음식을 해오신 분들의 '손맛'은 따라갈 수 없다고 판단했어요. 그 대신 손님에게 팔 수 있는 적정한 맛의 음식을 준비하고, 모자란 부분은 에너지와 감동, 재미를 주는 장사로 채우자고 결심했죠. 유니폼에는 '크게 될 놈, 뭘 해도 될 놈' '감자 살래 나랑 살래' 같은 멘트를, 매장 벽에는 '열정을 만나면 정열이 솟는다' 같은 글귀를 새겨 넣어 청년장사꾼만의 색깔을 알렸습니다."

그들의 가게를 보고 있노라면 즐겁기 그지없습니다. 재기 발랄하고 톡톡 튀는 감성을 충분히 느낄 수 있습니다. 매장 내의 포스터뿐 아니라, 메뉴까지 어느 것 하나 즐겁지 않은 것들이 없습니다. 하지만 가게의 디스플레이나 재밌는 글귀 덕분에 청년장사꾼이 성공한 것이라고는 할 수 없습니다.

이 가게의 음식을 가장 맛있게 즐길 수 있도록 만드는 요소는 바로 종업원들입니다. 세상 어떤 가게에서도 볼 수 없는 발랄함, 열정 그리고 성실함을 가지고 있는 사람들입니다. 여러 종업원 중에 누가 이 가게의 주인인지 알 수 없을 정도로 다들 자신이 주인인 것처럼 일한다는 건 한 번만 가봐도 알 수 있습니다. 저는 어떻게 모든 직원들이 이토록 주인처럼 일하며 손님 위주의 사고와 행동을 하는

지 궁금했습니다.

"청년장사꾼은 현장에서 경험한 노하우를 바탕으로 자체적으로 만든 교육 프로그램을 진행하고 있습니다. 교육기간은 2주이며 장사를 꿈꾸는 329명의 예비창업가들이 이 교육 프로그램을 수료했고 일부는 청년장사꾼의 일원이 됐습니다. 청년장사꾼 정직원이 되면 4대 보험도 보장받습니다.
저는 청년장사꾼의 첫 번째 자격으로 '의지'를 꼽습니다. 얼마나 진정성을 가지고 장사를 배우는지, 열중할 수 있는지를 중요하게 봐요. 학벌이나 나이, 지금까지 뭘 하며 살았는지는 중요하지 않아요. 그렇게 청년장사꾼으로 2년간 열심히 일한 직원은 새로 문을 여는 가게에 투자할 수 있는 권리를 얻어요. 본인이 지분을 가진 가게에서 일하며 주인이 되는 연습을 합니다."

청년장사꾼의 CEO인 김윤규씨는 직원들을 모두 정직원으로 채용합니다. 4대보험, 유급휴가, 해외연수 등 기존 음식점의 종업원들과는 비교도 안 될 정도의 혜택을 줍니다. 그는 직원들을 고용하는 게 아니라 직원들에게 기회를 주기 위해 회사가 있는 것이란 말을 하곤 합니다.

청년장사꾼은 놀라운 맛이나, 특별한 원재료, 멋드러진 인테리어나 세련된 종업원을 무기로 운영되는 가게가 아닙니다. 청년장사꾼이 험난한 시장의 여건 속에서도 유독 많은 사랑을 받는 이유는 바로 브랜드의 신념을 기반으로 운영되고 있기 때문입니다.

"열정을 만나면 정열이 솟는다."는 청년장사꾼의 신념으로 손님을 대할 때나 각자의 가게에 인테리어를 하고 메뉴를 개발할 때마다 그들은 열정을 다합니다. 인테리어를 어떻게 하라, 손님 응대를 이렇게 하라, 메뉴를 이렇게 구성하라, 하지 않아도 자발적인 열정이 직원들을 일사분란하게 만듭니다. 손님들은 이 가게에 끼니를 때우러 와서 열정과 정열이 더해진 기분 좋은 음식을 맛보고 가게를 나서게 되는 것입니다.

『나는 왜 이 일을 하는가』의 저자 사이먼 사이넥 Simon Sinek 은 마음을 움직이고 성취를 이뤄내는 작동원리로 '골든 서클 Golden Circle'을 주장합니다.

지금까지의 기업들은 WHAT-HOW-WHY의 순서로 제품을 만들고 브랜드를 운영해도 선택받을 수 있었습니다. 하지만 앞으로는 생각의 방향을 바꿔야 합니다. 왜 만들어야 하는지 WHY부터 생각하고나서 그 가치를 실현하기 위한 방법과 판매할 제품을 구상하는 순서로 일해야 시장을 움직이고 새로운 흐름을 만들어낼 수 있습니다. 이것이 바로 WHY-HOW-WHAT의 골든 서클입니다.

애플은 훌륭한 컴퓨터를 만듭니다. 하지만 "이렇게 훌륭한 컴퓨터 사고 싶지 않으세요?"라고 말하지 않습니다. 대신 "현실에 도전하는 하나의 방법으로 우리는 유려한 디자인, 단순한 사용법, 사용

골든 서클 모델에 따르면 브랜드는 어떤 제품을 만들고 어떤 서비스를 제공하든지 간에 무엇을 만드느냐가 아니라 왜 만들어야 하는지 가치를 먼저 생각해야 한다.

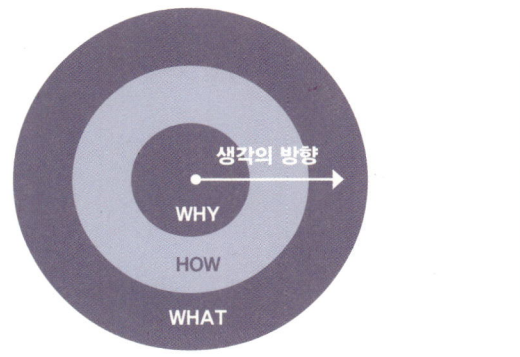

자 친화적 제품을 만듭니다. 그 결과로 훌륭한 컴퓨터가 탄생했습니다. 사고 싶지 않으세요?"라고 말합니다. '다르게 생각하라.'는 가치를 믿기 때문이지요.

청년장사꾼도 무엇을 어떻게 만들까부터 고민한 것이 아니라, '열정을 가지고 일하면 그 열정이 정열을 만들어낸다.'는 신념을 가지고 모든 상황을 마주했습니다. 이 신념이 청년장사꾼을 움직이게 하고 더 좋은 서비스와 품질을 만들어나갈 수 있게 하는 힘입니다.

확고한 신념과 실현할 가치가 있다면 새로운 것을 세상에 당당하게 보여줄 수 있습니다. 신념은 세상 어떤 컨셉보다 강력한 힘을 가지고 있으니까요.

'보랏빛 소'가 만들어낸 대반전

비범함은 상황을 바꾸는 열쇠

2004년, 제가 광고계에 발들이고 얼마 지나지 않은 때에 이 업계를 발칵 뒤집어 놓았던(적어도 광고하는 사람들은 충격이었던) 책이 있었습니다. 세스 고딘Seth Godin의 『보랏빛 소가 온다』에서는 이제 TV 광고는 죽었다고 주장하여 뜨거운 반응을 이끌어냈습니다. 앞으로는 보편적인 미디어 광고로 승부를 볼 게 아니라 놀랄 만한 제품을 만들고 그런 제품에 열광할 소수를 공략하는 것이 마케팅의 새로운 대안이 될 것이라고 설파한 책이었습니다. 이제 막 광고 좀 만들겠다고 배우고 있는 중이었는데 더 이상 광고가 홍보 수단이 되지 못한 다니, 이거 길을 잘못 선택한 것 아닌가, 걱정하던 기억이 있습니다.

책에는 수백 마리의 소떼가 초원에서 풀을 뜯고 있는 풍경을 바라보던 저자의 이야기가 소개됩니다. 이 그림 같은 장면도 시간이 지나면 익숙해지는데, 비슷한 무리의 소들이 새로 나타나도 마찬가지라고 말합니다. 한때 경이롭게 보이던 것들이 평범해 보이는 순간, 지루해진다는 것입니다. 그 소의 무리 안에 완벽한 놈, 매력적인 놈, 또는 대단히 성질 좋은 놈이 섞여서 아름다운 태양빛을 받으며 서 있다 할지라도 지루하기는 마찬가지입니다.

만일 그 사이에 '보랏빛 소' 한 마리가 서 있다면 어떨까요? 비범한 Remarkable 그 소에게서 눈을 뗄 수가 없겠지요. 이것이 바로 주목할 만한 보랏빛 소의 힘입니다.

이 책에서 주장한 것처럼 기존의 TV 광고는 모두 죽는다고 한 저주가 당장 현실로 다가오지는 않았고, 지금은 그 위세가 많이 떨어진 것도 사실입니다. TV 광고에 대한 대안으로 그가 주장한 보랏빛 소가 마케팅의 만능열쇠가 아닌 것도 확인되었습니다. 하지만 주목할 만큼 특별한 것이 아니면 광고만으로는 성공할 수 없다는 메시지는 결코 무시할 수 없습니다. 물론 마케팅이 아닌 제품에 대해 지적한 것이지만 위기에 처한 브랜드에는 주목할 만한 마케팅 아이디어가 필요한 순간이 반드시 생깁니다.

러버덕이 일으킨 소동

2014년 제2롯데월드타워의 공사가 한창 진행 중이었고, 롯데월드몰이 먼저 오픈을 한 상황이었습니다. 그 일대 가장 큰 쇼핑몰이 오픈했지만 당시 롯데월드몰의 방문자 수는 관계자들의 기대치를 하회했습니다. 그러던 차에 석촌호수 인근에서 발생한 싱크홀 사건은 롯데월드몰에게 커다란 악재가 되었습니다. 단순히 롯데월드몰의 매출뿐 아니라 향후 지어질 롯데월드타워의 안전성에 대한 문제가 크게 대두된 시점이기도 합니다.

롯데 측에서는 싱크홀과 이 공사는 전혀 상관없음을 언론을 통해 적극 홍보했지만 사람들은 순순히 믿으려 하지 않았습니다. 롯데월드몰의 안전성에 대해 저명한 학자들의 힘을 빌어 증명하였을 뿐 아니라, 주무 기관인 서울시도 롯데월드몰의 안전에는 이상이 없음을 공증해주기도 했습니다. 그럼에도 불구하고 사람들의 불안감은 좀처럼 사라지지 않았습니다. 매장 방문자 수는 점점 줄었고 여전히 안전에 대한 불신은 커져가는 상황에서 이를 뒤집을 만한 획기적인 해결책은 보이지 않았습니다. 사람들이 롯데월드타워의 안전에 대한 의심과 불안 없이, 다시 몰려들 수 있게 할 획기적인 방안이 필요했습니다.

"상상을 초월하는 마케팅이 필요하다."

혁신은 지금까지의 것들에 대한 부정에서 시작합니다. 0에서 시작해야 새로운 1을 쓸 수 있고, 새 포도주는 새 부대에 부어야 하듯

롯데월드타워 앞 석촌호수에 등장한 러버덕은 사람들의 눈길을 사로잡기에 충분했다. 싱크홀로 인해 팽배해진 부정적인 인식을 긍정적으로 바꾸어 끊어진 사람들의 발길을 다시 이어지도록 만든 일등공신이다.

이, 지금까지와는 전혀 다른 방법만이 해답이라는 큰 가이드 안에서 문제해결은 시작합니다.

 롯데월드몰이 사용했던 컨셉 전략은 '보랏빛 소'였습니다. 모든 사람들이 주목할 만하고 지루하지 않을 새롭고 흥미진진한 대안. 롯데월드몰이 진행한 캠페인의 시작은 바로 러버덕^{Rubber Duck}이었습니다.

 "내 조각은 소동을 일으킨다. 사람들의 얼굴에 놀라움과 미소를 선사하고, 그들의 지루한 일상으로부터 휴식의 시간을 제공한다."

롯데백화점에 걸린 러버덕
현수막과 러버덕 관련 상품을
활용한 이벤트.
언론에서는 연일 러버덕과
관련된 기사가 게재되어
그 인기를 실감하게 했다.

    러버덕을 만든 네덜란드 출신의 설치예술가 플로렌타인 호프만 Florentijn Hofman 은 소동을 일으키는 작가였습니다. 롯데월드몰은 그런 특별한 소동이 필요했던 것입니다. 어느 날 석촌호수에 한 마리 대형오리가 등장하게 됩니다. 물론 그것을 띄워두기만 한 것은 아닙니다. 컨셉은 소비자로 하여금 여러 가지 활동을 하게 만들고, 그 다양한 활동들이 다시 이 컨셉을 전파하는 하나의 매개체가 되도록 유도해야 하기 때문이지요.

    러버덕의 입성에 많은 사람들이 관심을 가지고 사진 촬영을 하기 위해 구름떼처럼 몰려들었습니다. 또한 서울 각 지점의 롯데백화점에는 러버덕의 현수막이 걸렸고, 일제히 관련 상품을 팔기 시작했습니다. 심지어 길 찾는 데 도움을 주는 지도맵에도 러버덕의 위치를 표시하여 사람들의 관심을 끌었습니다. 오리 한 마리가 전방위적으로 대한민국에 퍼져나가기 시작한 것입니다. 언론에서는 2014년 최대 스캔들로 러버덕을 꼽을 정도로 선풍적인 인기를 얻었습니다.

그렇게 한 마리의 오리가 롯데월드몰에 기적을 가져다 주었습니다. 석촌호수 안에서도 러버덕과 사진이 가장 잘 찍히는 롯데월드몰 앞은 500만 인파로 인산인해를 이루었습니다. 그리고 많은 사람들이 사진을 찍고 즐기다가 자연스레 롯데월드몰로 발길을 돌리곤 했습니다. 러버덕이 사람들을 롯데월드몰로 불러 모은 것입니다.

SNS상에서 롯데월드 하면 떠오르던 연관 키워드가 '싱크홀, 지하수, 수위' 등 안전에 대한 것이 주를 이뤘다면, 이 캠페인 이후에는 '행복, 평화, 귀엽다' 등의 긍정적인 키워드로 바뀌는 엄청난 결과를 가져오게 됩니다. 한 마리의 특별한 오리가 누구도 해결하지 못했던 큰 문제를 쉽게 해결해주었던 것입니다.

핑크빛 하이힐의 코끼리가 떴다

피부과 전문의들이 만든 화장품으로 유명한 닥터자르트Dr. Jart는 중국시장 진출과 함께 엄청난 매출 신장을 이뤄냈습니다. 기능과 안정성이 입증된 화장품 브랜드로 자리 잡은 닥터자르트는 소비자와 좀 더 가깝게 접촉하기 위해 패션의 중심 가로수길에 플래그십 스토어를 오픈하게 됩니다. '필터 스페이스 인 서울Filter Space in Seoul'이라는 이름의 공간은 닥터자르트의 기술력을 보여주기 위한 의도로 만들어졌습니다. 평범한 뷰티 매장을 넘어 건강한 아름다움을 강조하고 도심 속 힐링의 시간을 선사하기에 더할 나위 없는 공간이었지요.

하지만 많은 사람들이 필터 스페이스의 존재를 모르고 있었습니다. 유동인구가 많은 가로수길이라고는 하지만 골목 안쪽에 위치해 있던 터라 사람들의 눈에 띄기 힘들었지요. 게다가 가로수길은 수많은 화장품 브랜드와 패션 브랜드의 전쟁터와 같은 곳입니다. 눈이 휘둥그레질 만한 플래그십 스토어는 이미 너무나 많았습니다. 사람들이 굳이 필터 스페이스에 찾아갈 특별한 이유가 없었던 것이지요.

닥터자르트의 고민은 여기서 시작됩니다. '사람들에게 닥터자르트를 제대로 체험시키려면 플래그십 스토어로 불러들여야 한다. 대신 평범한 방법으로는 절대로 안 된다. 놀랄 만한 전혀 새로운 방법을 찾자.'

그래서 필터 스페이스에 '핑크색 하이힐을 신은 코끼리'가 뜨게 되었습니다. 건물 외부에 걸터앉은 코끼리는 지나가는 사람들에게 마치 인사를 건네는 것처럼 손을 흔들고 있거나, 건물 속으로 빨려 들어가는 모습으로 사람들의 관심을 끌어 모았습니다. 도대체 저

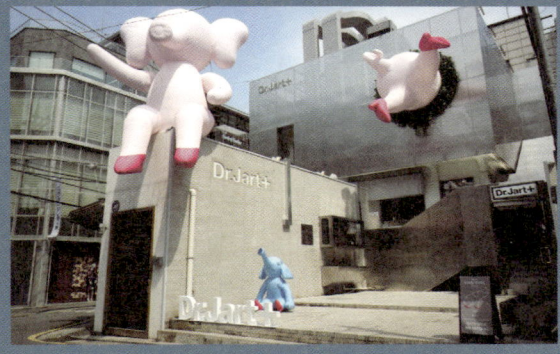

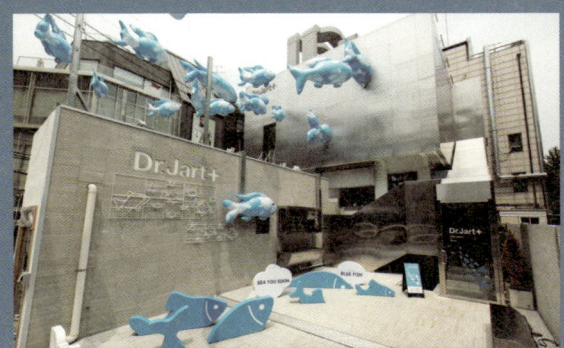

인적이 드문 곳에 오픈한 닥터자르트의 플래그쉽 스토어. '핑크색 하이힐을 신은 코끼리'에 이어 '블루 피쉬' 아트 프로젝트를 통해 시선을 끄는 데 성공하여 가로수길의 핫플레이스가 되었다.

귀여운 코끼리는 뭘까? 사람들은 하나둘씩 필터 스페이스로 모여들기 시작했습니다. 이 공간은 언론의 관심을 받기에 충분했고, 핑크색 하이힐을 신은 코끼리는 가로수길의 명물이 되었습니다. 중국 관광객이 많은 가로수길에 명물이 되었다는 것은 중국 시장에서의 인지도의 향상을 의미하는 것과 같습니다. 닥터자르트는 여기서 멈추지 않고 두 번째 프로젝트를 시작했습니다. 가로수길의 메인 거리부터 상공에 '블루 피쉬'를 설치하여 필터 스페이스까지 이어지도록 한 것입니다. 머리 위에 설치된 파란색 물고기 행렬을 따라가다 보면 어느새 닥터자르트의 플래그쉽 스토어를 만나게 되는 것이지요.

보라빛 소는 상황을 완전히 뒤집습니다. 논리적이고 이성적인 방법은 아니지만, 강력한 직관에 의해 만들어지는 컨셉이기 때문입니다. 그래서 전염성이 강합니다. 사람들은 눈길이 가는 것, 화제가 될 만한 가치가 있는 것을 알게 되면 가만히 있지 않습니다. 누군가에게 말하고 싶은 충동을 강하게 느낍니다. 그 이유는 무엇일까요? 그 행위가 자신의 사회적 가치를 높여주기 때문입니다.

최근 SNS의 등장으로 화제가 될 만한 콘텐츠를 너도나도 공유하고 싶어하다 보니 정보가 공유되는 속도가 빨라지고 있습니다. 누가 시키지 않아도 소비자들 스스로 정보를 퍼뜨리는 바이러스가 됩니다. 그래서 이 방법은 한 번 통하게 되면 그 파급력이 어마어마하게 나타납니다. 비용 면에서도 전통적인 방법의 마케팅보다는 훨씬 더 큰 효율성을 보여줍니다.

롯데월드타워처럼 기존의 방법들로는 한계에 부딪혀 돌파구가 필요할 때, 혹은 시장의 강자에 비해 충분한 자원을 가지지 못한 후발주자들에게 이 방법은 가장 효과적인 무기가 될 수 있습니다. 하지만 많은 브랜드들이 이 방법을 다소 꺼려합니다. 장점도 많고 효과도 큰데 왜 이 방법을 사용하지 않을까요?

사람들은 가보지 않은 길을 가는 것을 두려워하기 때문입니다. 위험을 감수하는 것, 그에 대한 책임을 져야 하는 것만큼 곤혹스러운 일은 없지요. 게다가 마케팅은 많은 돈이 오가는 일입니다. 때문에 위험을 안고 큰 돈을 쓰기로 결정하는 것은 좀처럼 쉽지 않습니다. 그래서 좀 더 검증이 되고 안전한 방법을 선택하게 되는 것입니다. 하지만 남들과 다른 것을 하려면 많은 용기가 필요합니다.

마케팅 괴짜로 유명한 버진그룹의 리처드 브랜슨 회장은 이런 말을 했습니다.

> "가장 값싸게 하는 방법이나, 가장 빠르고 안전하게 하는 방법을 생각하지 마라. 가장 훌륭하게 해낼 방법을 생각하라."

안전하고 검증된 길에는 열매가 크지 않습니다. 큰 열매는 용기라는 거름을 주지 않으면 절대로 맺을 수 없습니다.

PART 3

컨셉 디렉터의 실전 메이킹 노트

15년 동안 광고회사를 다니며 수백 개의 컨셉을 만들었습니다. 그래서 이번 장에서는 그중에 가장 성공적이었던 사례를 말해보려 합니다. 각 컨셉이 나오게 된 과정과 광고의 효과, 그리고 뒷이야기까지 과장 없이 보여주려고 합니다. 컨셉의 프로라는 사람들도 하나의 성공적인 컨셉을 만들어가는 과정은 상상하는 그 이상으로 치열합니다.

실제 현장에서 사용되고 있는 기획서나 회의에서 실제로 논의되었지만 선택되지 않은 컨셉들, 광고주에게 제시했던 페이퍼나 광고시안까지, 실제 컨셉이 만들어지고 광고가 나오기까지 살아 숨 쉬는 창조의 현장을 직접 만나볼 수 있을 것입니다. 앞에서 보여준 좋은 컨셉을 만드는 법칙들이 어떻게 적용되는지 자연스럽게 살펴볼 수 있는 좋은 기회가 되기를 바랍니다. 다른 사람이 겪은 고뇌의 흔적들은 가까이 들여다보는 것만으로도 배움의 가장 좋은 밑거름이 됩니다.

'있는 모습 그대로의 나'를
보여주세요

1천만 다운로드의 신화를 연 한국의 버즈피드
피키캐스트 "우주의 얕은 지식"

"나에 대한 자신감을 잃으면 온 세상이 적이 된다."
- 랄프 왈도 에머슨, 미국의 사상가 -

대한민국에서 가장 성공한 스타트업을 꼽으라면 많은 분들이 배달의 민족을 꼽을 것입니다. 스타트업의 개념이 생소하던 시절에 1천만 다운로드를 이뤄낸 배달의 민족은 기발한 광고뿐 아니라, 브랜드가 보여준 남다른 행보로 많은 이들의 사랑을 단번에 얻을 수 있었습니다.

당시 직접 진행했던 경쟁 프레젠테이션 중에 그들을 닮고 싶어 했던 스타트업이 있었는데, 바로 모바일 뉴스의 원조 피키캐스트였습니다. 피키캐스트가 어떤 일을 하는지 지금은 잘 알려져 있지만 그때만 해도 그들이 내세우는 모바일 뉴스라는 개념 자체가 굉장히 생소했지요. TV 광고를 위한 경쟁 프레젠테이션 OT(한 브랜드의 광고를 수주하기 위한 프레젠테이션의 과제 내용을 프레젠테이션 참여 회사에게 공유하는 자리)에서야 그들의 정체를 알 수 있었습니다.

"신문이나 잡지 같은 전통적인 저널리즘의 틀을 깨고, 모바일 환경에 맞춘 스낵 저널리즘을 표방한 미국의 스타트업이 바로 '버즈피드'입니다. 모바일 미디어 환경에 맞춘 에디터의 편집으로 10~20대의 정서에 맞게 재탄생한 뉴스를 제공하지요. 피키캐스트는 한국의 버즈피드를 표방하고 있습니다."

'새로운 시대의 저널리즘이라…'

당시만 해도 피키캐스트와 같이 모바일 저널리즘을 표방한 여러 브랜드들이 우후죽순으로 생겨나던 터라 카테고리의 대표 브랜드가 되고 싶다는 창업자의 말은 큰 동기부여가 되었습니다.

광고주가 우리에게 요청한 과제는 명확했습니다.

"배달의 민족처럼 천만 다운로드를 만들어주세요. 그래서 카테고리의 리더에 걸맞는 세상에 없던 특별한 브랜드가 되어야 합니다."

천만 다운로드를 기록하는 애플리케이션이 된다는 것은 당시 스마트폰을 가진 사람들이라면 모두 다운받아야 한다는 의미였습니다. 거기에다 세상에 없던 특별한 브랜드라…. 가수로 치면 앨범 십만 장 팔면 성공했다고 하는 요즘 시장에서 밀리언셀러를 만들어 길이 남는 명곡으로 기억되게 해달라는 것과 다름 없었습니다. 광고 집행 비용이라도 넉넉하면 이것저것 해볼 게 많을 텐데, 그렇지 않은 광고주의 상황을 고려할 때 이는 거의 불가능한 일이었습니다.

물론 그런 어려운 숙제를 척척 해내는 실력자들도 있긴 합니다. 그런 경우엔 대부분 경험이 많은 광고주의 다방면 지원이 필수적입니다. 하지만 피키캐스트의 광고주는 광고의 '광'자도 모르는 문외한인 데다 이제 처음 사회생활을 시작한 28살의 청년이었습니다. 주어진 숙제는 너무 거대한데 주어진 환경은 그리 녹록지 않았습니다.

경쟁 프레젠테이션의 날짜는 다가왔고, 우리는 모바일 저널리즘이란 카테고리가 생소한 대중들에게 피키캐스트가 어떤 회사인지 알려주는 것을 목표로 잡고 컨셉 전략을 세웠습니다. '세상을 즐겁게'라는 피키캐스트의 경영 철학과 뉴스를 만들어내는 피키캐스트의 정체성을 명확히 보여주자는 것이었습니다.

'Joyful Contents Factory'라는 컨셉으로 제안한 피키캐스트 경쟁 프레젠테이션 기획서의 일부.

먼저 피키캐스트의 뉴스는 전통적인 뉴스와는 다른 성격의 것이니 이를 좀 더 새롭게 칭할 수 있는 단어가 필요했습니다. 그래서 뉴스 대신 '콘텐츠'라는 단어를 선택했습니다. 젊은 감각의 앞서가는 브랜드가 되고 싶은 광고주의 의지를 담아낼 감각적이고 세련된 표현도 필요했습니다. 그래서 제안했던 컨셉이 바로 "Joyful Contents Factory."였습니다.

결과는 어떻게 되었을까요?

경쟁 프레젠테이션은 이겼습니다. 하지만 우리가 제안했던 컨셉대로 광고를 만들 순 없었습니다. 광고주는 Joyful Contents Factory가 피키캐스트의 정체성을 정확히 말해주는 것은 분명하지만, 주요 타깃층인 10~20대 초반의 마음을 사로잡을 수 있는지 의문이 든다고 했습니다. 더구나 향후 강력한 경쟁 브랜드가 될 카카오페이지나 네이버 카드 뉴스와 별로 달라 보이지 않는다고 했습니다. 결국 광고주들은 "컨셉부터 바꿔야겠는데요."하며 또 다시 과제를 주었습니다.

몇 날 며칠을 밤을 새우며 회의를 한 끝에 세 가지의 컨셉으로 압축이 되었습니다. 각 컨셉이 어떤 과정으로 도출되었는지 당시의 기획서 일부를 공유합니다.

기획 스토리

① 첫 번째 컨셉은 '콘텐츠'에 초점을 맞췄습니다. 사람들이 관심을 갖거나 인기 있는 콘텐츠를 보면 공통적으로 '어제-, 요즘-, 잘 나가는-, 요즘 뜨는-' 것들입니다. 즉 우리의 타깃 세대들은 실시간, 즉시성이 있는 콘텐츠들을 좋아합니다. 세상의 흐름에 뒤쳐지고 싶지 않거나, 시대에 앞선 이야기들을 소비하고 싶은 욕구가 가득한 세대이기 때문입니다.

에디터들이 직접 콘텐츠를 편집하고, 하루에 재깍재깍 2~3번 업데이트를 하는 피키캐스트는 이슈에 대한 목마름을 해소해줄 수 있는 최고의 미디어입니다. 콘텐츠를 말한 지금까지의 미디어들과는 다른 차별적이고 새로운 키워드를 다루는 곳. 이슈가 될 콘텐츠를 실시간으로 알 수 있게 해주는 스낵 저널리즘으로서의 피키캐스트. 그래서 제안하는 피키캐스트의 새로운 컨셉은 "세상 모든 이슈의 중심, 이슈 팩토리 피키캐스트."입니다.

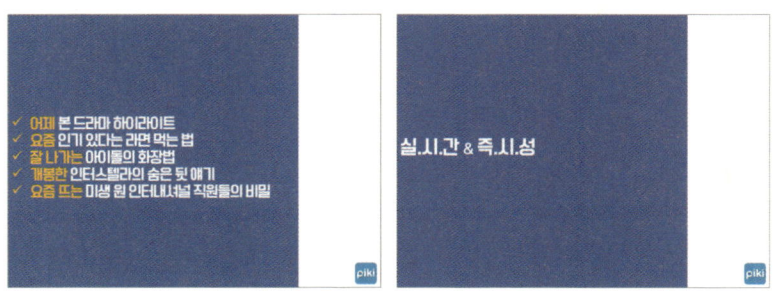

② 두 번째 컨셉은 조금 다른 방향으로 10대와 20대 초반의 타깃들에게 더 초점을 맞췄습니다.

요즘 젊은이들은 사소한 것도 남에게 보여주고 자랑하는 게 일상입니다. 대화를 하더라도 "그 영화봤어?"라고 묻는 대신 "그 영화 비하인드 기사 봤지?"라고 묻습니다. 대화의 꺼리와 수다의 재료에 더 관심이 있지요. 누구나 다양한 주제에 대해서 앞서가는 사람이 되고 싶어합니다. 사람들과 대화하기 위해 유머 과외라도 받고 싶은 정도니까요.

그렇다면 우리가 목표로 한 타깃들이 피키캐스트 같은 미디어를 소비하려는 진짜 속마음은 무엇일까요? 어떤 상황에서도 뒤처지지 않게 '척' 하고 싶은 것 아닐까요? 이들을 위한 미디어로

서 제안하는 컨셉은 "픽 하면 척."입니다. 당신은 '픽'만 하면 우리가 '척' 하게 해주겠다는 자신감을 드러낸 컨셉입니다.

③ 대한민국의 청년들은 모두 전쟁과 같은 삶을 살고 있습니다. 우울한 대한민국이라고 해도 과언이 아닐 정도입니다. 그래서 피키캐스트에서는 어떠한 주제든 즐겁게 소개하고, 지루한 역사도 꿀팁으로 승화시키며, 방대한 이야기도 야매로 쉽게 풀어서 독자들에게 제공합니다.

요즘 세대는 사진 한 장에도 쉽게 재미를 느낍니다. 지식경연대회를 해도 '얕은 지식 경연대회'를 하고『지적대화를 위한 넓고 얕은 지식』이란 책이 베스트셀러가 되는 시대입니다. 얕은 지식을 좋아하고 환호하는 시대가 되었습니다.

피키캐스트는 그런 시대정신을 따라, 무게 잡지 않고, 형식에 구애받지 않으며 다양함의 끝이 없는 콘텐츠를 다루는 미디어로

포지셔닝 해야 시장의 리딩 브랜드가 될 수 있습니다. 그래서 제안하는 컨셉은 "우주의 얕은 지식, 피키캐스트."입니다.

이 세 가지 컨셉을 놓고 광고주들은 고민에 빠졌습니다. 그런 광고주들에게 담당 크리에이티브 디렉터는 결정적인 한마디를 던집니다.

"제가 보기엔 피키의 모든 것들이 그렇게 깊이가 있어 보이지 않아요. 한마디로 얕죠. 그런데 얕은 걸 어쩌게요? 얕은 걸 얕다고 자기 입으로 먼저 말하는 것이야 말로 진짜 멋진 거 아닌가요?"

'얕은 지식'이 피키캐스트에 가장 어울리는 컨셉임을 강력하게 주장했음에도 광고주들은 예상대로 '너무 격이 없다.' '가볍다.' '타깃이 너무 한정적이다.' 등의 피드백을 주었습니다. 프레젠테이션은 결론을 내리지 못하고 공중에 떠버렸습니다. 기대한 만큼 실망도 컸던 그날 저녁에 28살의 공동대표로부터 전화가 왔습니다.

"저희가 너무 정신없게 만들었네요. 제대로 결정도 못하고, 준비해오신 컨셉에 너무 가타부타 지적질만 해대서 죄송합니다. 전 '우주의 얕은 지식'이 좋습니다. 얕음을 쉽고, 실용적이며 재밌고 개방적인 이미지로 보여주는 것이 피키캐스트의 정체성에 잘 맞는 것 같아요."

그렇게 극적으로 캠페인의 컨셉이 결정된 이후로 모든 것이 일사천리였습니다. 김연아 씨를 모델로 하고 싶다는 광고주의 고집을 꺾고 돈도 없는데 한 번 출연하고 말 모델이 아니라 영원무궁 활용할 수 있는 우리만의 캐릭터를 만들자고 제안했습니다. 그래서 컨셉과 가장 어울리는 우주인이 모델로 결정되었습니다.

피키캐스트를 "우주의 얕은 ○○"으로 설정한 것은 방송을 지향하고 다양한 분야를 다뤄야 하니까 어느 한 분야를 위한 것으로 규정하지 말고 다양하게 언급할 수 있는 열린 구조가 필요하다는 의견 때문이었습니다.

드디어 온 가족이 모이는 명절 설날에 기습적으로 "우주의 얕은 ○○"의 컨셉으로 광고를 집행했습니다. 이 광고는 론칭 한 달 만에 천만 다운로드를 달성했고, 1일 DAU(일일 접속자 수)가 백만이 넘는 신기원을 이루게 됩니다. 그들이 닮고 싶어했던 배달의 민족과 같은 천만 다운로드를 이뤄낸 것이지요.

피키캐스트는 이 캠페인을 통해 모바일 뉴스하면 누구나 단숨에 떠올리는 대표 브랜드가 되었고, 그로 인한 광고 수입은 급격히 성장했습니다. 그러자 수많은 모바일 뉴스들이 피키캐스트의 콘텐츠를 따라하려 했습니다. 좋은 컨셉 하나로 시작된 캠페인이 시장을 이끌어가는 리딩 브랜드로 거듭나게 만든 것입니다.

이 광고의 컨셉이 탄생한 결정적인 순간은 언제였을까요?

'그래, 우리 얕아. 그게 뭐 어때?'라고 인정해버리는 마음가짐으

우주인 모델을 제안했던 당시의 기획서. 인간이 느끼는 일상 속 재난 상황에 등장하여 답을 전해주고 가는 우주인의 모습은 실제 광고에서도 그대로 등장한다.

로부터 컨셉은 시작되었습니다. 세상에서 제일 어려운 게 있는 그대로의 나를 인정하는 거라고 합니다. 꾸밈없는 자신의 모습에 당당할 수 있을 때 그 사람은 온전히 자신의 삶을 살 수 있습니다. 그런 사람은 주변에 사람이 모이고 사랑을 받으며 매력이 넘치는 사람이 됩니다. 컨셉도 마찬가지가 아닐까요?

　브랜드가 가진 특성 그대로를 당당하고 자신 있게 말할 수 있는 것, 없는 걸 있는 것처럼 포장하지 않고 세상에 보여주는 게 진정한 브랜딩의 시작이자 남들과 다른 특별한 브랜드가 되는 지름길입니다. 브랜드의 정체성을 가장 솔직하게 인정하는 것에서 강력한 컨셉이 나오기 때문입니다.

// **Concept Review** //

남1 사는 게 만만치 않다.
남2 왜?
남1 나 학습지 2주나 밀렸잖아.
남   야, 거기 꼬맹이들 그림 좋다~.
여   뭐래~ 유치하게. 야, 우리 딴 데 가서 놀자!

우린 답을 줄 것이다 아주 가끔 그랬듯이
후배 다루는 법부터 현실 조언까지
우주의 얕은 꿀팁, 피키캐스트

/ Off the Record /

사실 '얕은'이라는 컨셉을 선택할 수 있었던 결정적인 이유는 피키캐스트의 잠재적인 경쟁자가 될 네이버나 다음 카카오를 먼저 생각했기 때문입니다. 그들과 같은 대형 회사들이 피키캐스트의 '얕은' 컨셉을 절대로 가질 수 없다고 본 것이지요. 강력한 경쟁자가 가질 수 없는 컨셉은 분명 독보적입니다. 같은 카테고리 안에서 다른 누구도 가질 수 없는 정체성을 가질 때 그것이야말로 우월함을 만들어내는 컨셉의 좋은 재료가 됩니다.

빅 모델 대신 우주인을 쓰자는 건 광고회사의 아이디어였습니다. 우주인이야말로 컨셉을 가장 잘 표현해낼 수 있는 심볼이라 생각했던 겁니다. 몸값이 7~8억 정도하는 유명 모델들과 비교했을 때, 우주복 대여 비용이라고 해봐야 천만 원도 안 되었던 것을 감안하면 우주인 모델의 광고 효과는 엄청났습니다. 무엇보다도 빅 모델은 1년 지나면 다른 브랜드를 위한 새로운 심볼이 되지만 우주인은 피키캐스트를 위해 계속 남을 수 있기 때문에 이만큼 효율적인 모델도 없었지요.

우주인은 TV 광고 모델로 출연한 이후에 '주인'이라는 이름을 갖게 되었고 피키캐스트의 여러 가지 뉴스 콘텐츠에 출연합니다. 물론 모델비는 더 이상 지급하지 않았다고 합니다.

의심하고 또 의심하면 보인다

진짜 러너를 위한 진짜 신발이 되고 싶은
데상트 Runner's Gear

"베그-오-매틱을 비롯한 수많은 획기적인 발명품을 생각해낸 론코의 창립자 론 포페일의 가장 위대한 발명품은 따로 있다. 그것은 그의 제품 광고에 무작위로 등장하는 "하지만 잠깐! 여기서 끝이 아니다."란 광고문구다. 최신발명품이 아무리 놀랍고 매력적이라 해도 "여기서 끝이 아니야. 뭔가가 더 있어."라고 말할 때 인간의 상상력은 나래를 편다."

- 존 오트버그 『선택훈련』 中 -

언젠가부터 시장은 강력한 1, 2위 브랜드들이 장악하기 시작했습니다. 그러다 보니 3위 브랜드도 살아남기 힘든 시대입니다. 핸드폰은 갤럭시 아니면 아이폰이고, 가전제품도 삼성 아니면 LG인 것처럼요. 10년 전만 해도 3위 혹은 4위 브랜드까지 시장에 공존하며 다양한 마케팅 경쟁이 이루어졌습니다. 4위가 1위의 자리에 가기도 하고 이름도 없던 브랜드들이 바닥에서 3, 4위권까지 치고 올라갈 수 있었습니다. 제품이 좋고 마케팅을 잘하면 누구나 소비자에게 사랑받는 브랜드를 만들 수 있는 생태계였지요.

해외 기업들이 다수 진출해 있는 스포츠웨어 브랜드 간의 경쟁도 예외는 아닙니다. 최근까지 이 시장은 나이키와 아디다스라는 2강(强)과 나머지 브랜드들이 경쟁하는 모습이었습니다. 이런 구도에 도전장을 내며 강한 3등으로 자리를 차지하려는 브랜드가 있었는데, 바로 데상트(DESCENTE)입니다.

데상트는 일본의 스키 브랜드입니다. 스키웨어는 추위와 스피드라는 극한의 상황을 이겨내야 하기에 기술력이 그 어떤 분야보다 중요하지요. 안전과 하이테크 기술이 우선인 스키를 최초로 만들었던 데상트는 신발 하나를 만들어도 고성능이 집약된 제품으로 만들었습니다.

데상트가 제게 광고를 의뢰한 것은 한국 시장에서 메이저 브랜드가 되고 싶다는 이유였습니다. 그러기 위해서는 스포츠웨어 중 가장 파이가 큰 러닝화 시장에서 두각을 나타내야 했습니다. 광고주가 준 목표는 명확했습니다.

"데상트만의 색깔을 살리면서 아디다스와 나이키는 절대로 말할 수 없는, 할 수 있다 해도 그들에게 별로 도움이 안 되는 데상트만의 광고를 만들어주십시오."

이 브랜드를 어떻게 소개해야 할까? 어떤 컨셉이여야 나이키나 아디다스와 다른 러닝화로 포지셔닝을 할 수 있을까? 그 비좁은 틈을 우리는 어떻게 비집고 들어갈 수 있을까?

스포츠웨어가 패션업종이다 보니 논리적이거나 이론적인 접근으로 컨셉을 구상하지는 않았습니다. 누군가 길을 정해놓고 거기서 하나의 컨셉을 만드는 게 아니라 마구잡이로 느낌 닿는 대로 아이디어를 내보자고 팀원들에게 말했습니다. 여섯 번에 걸쳐 회의를 했는데, 당시 우리가 얼마나 헤매고 있었는지 확인할 수 있는 기획서를 공유합니다.

기획 스토리

① 보통 첫 번째 회의에서는 각자 생각의 줄기를 마구 흩어뿌립니다. 당시 나왔던 컨셉은 "당신의 퍼포먼스를 지켜라." "Keep running, Keep all." 등 '안정성'이란 제품의 특성만 강조한 다소 직접적인 이야기가 많이 나왔습니다. 또한 "Be wild하라."와 같이 소비자의 편익에 집중한 것이나 "Dead run."처럼 전력질주를 가능하게 해준다는 컨셉도 있었습니다.

1장에서 이야기한 컨셉의 개념을 이 회의에 적용시켜보면 모두 제품의 특징에 방점이 있거나 소비자의 필요에만 중점을 둔 것들이었습니다. 어느 한쪽으로만 치우친 컨셉들이었을뿐, 그 두 가지 요소가 함께 담긴 컨셉은 아니었습니다. 러너들이 안정성이란 기능으로 얻게 될 편익을 함께 감안한 컨셉을 내보자고 결론을 내리며 회의를 덮었지요.

② 2차 회의에서는 주요 타깃층인 러너들의 편익 혹은 가치를 좀 더 감안한 컨셉들이 나왔습니다. "완주를 가능하게 하는 기

술."이나, "devil's run."처럼 설명적이거나 추상적인 컨셉들이 다소 눈에 띄었습니다. 아쉬웠던 점은 경쟁사인 다른 러닝화 브랜드의 광고에서 나왔던 컨셉들과 별반 다르게 보이지 않는다는 것이었습니다.

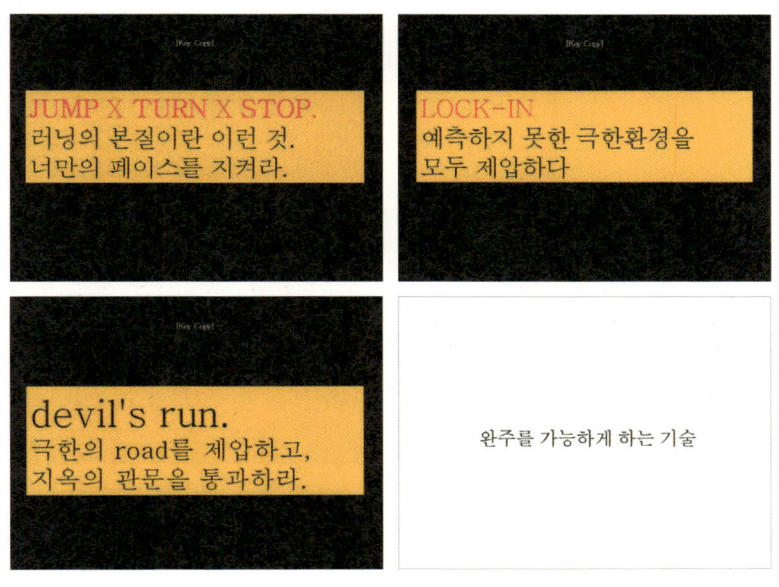

③ 3번째 회의에서는 '저항력'과 '균형'이라는 개념에 감성적 가치가 개입된 컨셉들이 눈에 띄었지만 광고주의 요구를 충족시켜줄 것들은 아니었습니다. 다만 눈에 걸리는 컨셉 대신 눈에 걸리는 단어들이 있었습니다. '장비' '5가지 기어' 같은 말은 안정

성도 느껴질 뿐 아니라 다른 광고에서도 본 적 없는 차별화된 말 단어였지요. 이를 기반으로 좀 더 깊게 고민해보기로 했습니다.

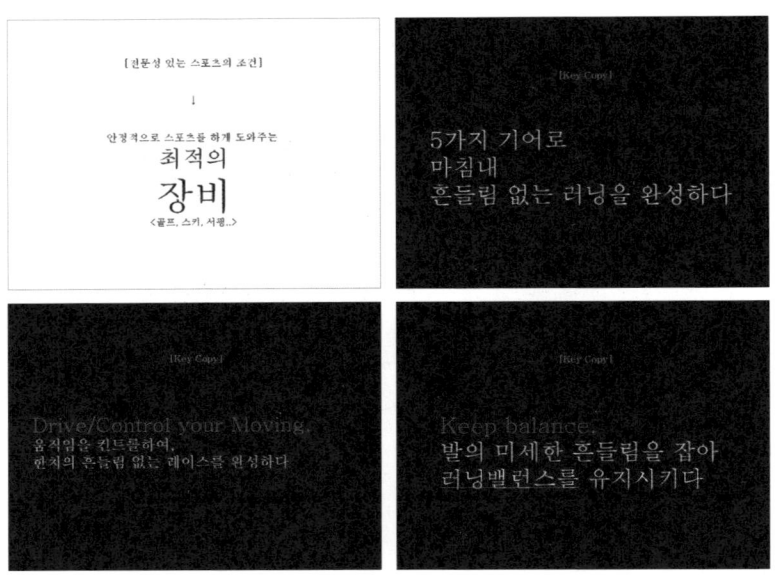

수많은 컨셉들, 그것을 설명하는 팀원들의 이야기…. 이런저런 이야기들을 듣다 보면 더 헷갈리게 되고, 그러다 보면 뒤돌아가야 할 곳이 어딘지 모를 정도가 됩니다. 길을 잃는 것이지요. 이후로 5차 회의까지 제대로 된 컨셉 하나 내는 데 무려 10일의 시간이 필요했습니다.

컨셉을 결정해야 하는 순간은 다가오고 있는데 어느 것 하나 명확한 것이 없었습니다. 그래서 계속 파고 다시 복기해보는 일련의 과정들을 맴돌다 보니 머릿속은 복잡해졌지만, 이상하게도 생각은 조금씩 선명해졌습니다.

그 계기가 된 것은 어느 순간부터 계속 같은 컨셉을 가지고 오는 한 팀원의 이야기였습니다.

"스키! 데상트는 스키에서 시작됐어요. 스키웨어는 스키를 타는 이들에겐 중요한 장비와 같은 것들이고요. 장비는 그들의 안전과 퍼포먼스를 위한 도구예요. 예쁘고, 멋있게 보이는 게 중요한 것이 아니고 안전과 퍼포먼스를 담보해줄 수 있는 그런 장비가 필요한 거예요. 그렇다면 안정성을 통해 러닝의 퍼포먼스를 책임지고 러너의 발목을 지켜주는 기술을 지닌 러닝화는 어떨까요? 어쩌면 러닝화는 러너들에게는 장비와 같은 것이 아닐까요? 그러니까 데상트는 러너들을 위한 장비인 셈이죠."

팀원의 강력한 주장은 설득력이 있었고 그 자리에서 바로 컨셉을 결정할 수 있었습니다.

"러너들을 위한 장비. Runner's Gear, 데상트!"

이렇게 컨셉을 정한 기획팀은 다음 단계의 작업을 제작팀에게 던져주었습니다. 제작팀이 풀어온 광고의 콘티는 총 세 가지 방향이었습니다.

〈시안A〉

〈시안B〉

〈시안C〉

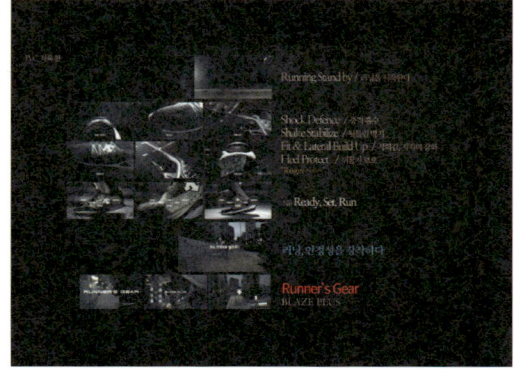

그중 광고주가 선택한 광고는 Runner's Gear를 우주선의 안전한 착륙으로 치환해서 제시한 마지막 시안(C)이었고, 결국 경쟁 프레젠테이션에서 승리할 수 있었습니다. 그리고 그 프레젠테이션에서 제안했던 광고가 그대로 온에어가 되는 아주 흔하지 않은 경험을 하게 됩니다.

이 광고로 데상트의 러닝화인 블레이즈플러스는 완판을 이뤄냅니다. 데상트의 인지도도 급격히 상승했고, 나이키와 아디다스와는 다른 정체성을 가진 브랜드로 자리 잡게 되었습니다.

여러 차례에 걸친 회의를 통해 알 수 있듯이 하나의 명확한 컨셉을 만들기 위해서는 여러 사람들이 다양한 관점에서 바라본 이야기들을 다시 흐트려놓는 작업이 필요합니다. 특별한 규칙은 없습니다. 이 생각 저 생각을 마구 펼쳐놓고 생각하다 보면 브랜드에 걸맞는 컨셉이 그 안에 숨어 있는 것을 발견하게 됩니다.

〈시크릿가든〉의 현빈 씨가 줄곧 입에 달고 다녔던 "이게 최선이에요?"를 교훈삼아 어질러진 컨셉들을 바라보며 계속 의심해야 할 것입니다. 그런 의심을 계속 하다 보면 어느새 확신으로 변하는 컨셉이 분명히 보입니다. 만드는 사람의 가슴을 울리는 것이라면 분명 다른 이들의 가슴도 울릴 수 있습니다. 컨셉은 때론 머리가 아니라 가슴으로 뽑아내기도 합니다.

/ Concept Review /

남   러닝을 시작한다.
          착화감 최적화, 충격흡수, 뒤틀림 방지, 지지력 극대화!

흔들림 없는 착륙 RUNNING GEAR
블레이즈 플러스 DESCENTE

Off the Record

　대상트의 두 번째 광고는 트레이닝 신발이었습니다. 트레이닝 신발이란 시장 자체가 형성되어 있지 않은 상황에서, 광고를 통해 소비자의 편익을 보여주어야 하는 숙제를 함께 가지고 있었습니다.
　그래서 제안한 것은 운동을 엉터리로 하고 있는 사람에게 트레이닝 신발이 나타나 한마디 조언을 건네는 내용의 광고였습니다. 이때 트레이닝 신발의 이미지는 운동 좀 해본 흑인 형처럼 보이도록 설정했습니다. 물론 이 트레이닝 신발에도 "Trainer's gear"라는 기존의 컨셉은 여전히 적용되었습니다.

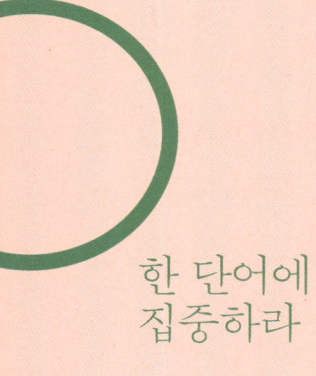

한 단어에
집중하라

새로운 시장의 문을 연
현대캐피탈 "집중에 집중하다"

"추상화란 한 가지 관점 아래 어떤 대상이나 대상 집단을 놓아두고
그 대상이 가진 다른 모든 속성을 무시하는 것이며, 추상의 본질은 다른 속성에
비추어 특히 중요하다고 생각되는 한 가지 특징만 잡아내는 데 있다."

−베르너 하이젠베르크, 물리학자−

혁신적인 상품과 직관적인 마케팅으로 유명한 현대캐피탈의 광고를 맡는 일은 상당히 어렵고 힘든 일입니다. 여느 광고주와는 비교가 안 될 정도로 전문적이고 전략적인 브랜딩을 추구하는 광고주의 안목을 만족시키기란 보통의 노력으론 불가능하지요.

현대캐피탈은 여타 금융회사들과는 다른 행보를 걸어온 덕에 금융업이 제일 중요하게 여기는 '신뢰'와 시대가 원하는 '혁신'의 이미지를 모두 갖고 있는 유일한 금융 브랜드가 되었습니다. 경쟁 브랜드를 넘어 독보적이고 차별적인 브랜드 이미지를 갖게 된 현대캐피탈은 2015년 기업PR 광고를 통해 그 지위를 공고히 하려 했습니다.

경쟁 프레젠테이션 OT 때 광고주가 준 과제는 분명했습니다.

"현대캐피탈은 자동차 금융과 개인 금융 두 가지 사업만 하는 금융회사로 소비자에게 각인시켜주십시오."

현대캐피탈은 현대, 기아자동차 그룹 소속이다 보니 여타 금융사들이 주로 대부업에 의존하는 것들과 달리 자동차 금융이 중심인 것이 특징이었습니다. 이러한 차별적인 기업의 방향성을 살리는 것이 주요 과제였던 것이지요.

'한 가지가 아니라 두 가지 금융을 하는 회사'라는 걸 어떻게 각인시킬 수 있을까? 있는 그대로 말하면 우리가 원하는 대로 기억해줄까?

이런 질문으로 시작했던 회의는 몇 날 며칠이 흘렀고, 경쟁 프레젠테이션을 며칠 앞둔 어느 날 한 팀원이 던진 한마디로 인해 급물

살을 타게 됩니다.

"2 is all. 개인 금융과 자동차 금융. 어차피 이 두 가지가 전부 아니에요? 그리고 우린 이 두 가지 금융을 모두 잘한다는 자신감. 캐피탈 하면 대부업이 전부라고 착각하는 소비자들의 관점을 바꿀 수 있지 않을까요?"

지금까지의 고민들이 명료하게 정리되는 순간이었습니다. 그런데 여전히 불편했던 것 중의 하나는 짧은 광고 시간, 많지 않은 매체 비용으로 효과를 보려면 지금보다는 더 간단하고 더 임팩트 있는 단어가 필요했습니다.

'두 가지 금융이 다야.'라는 문장으로 전체 광고를 이끌어가기엔 역부족으로 보였던 것이지요. 이렇게 모호한 표현으로 광고를 만들면 구구절절 설명하는 광고가 될 수 있기 때문입니다. 더 임팩트 있고 심플한 게 필요하다는 생각이 머릿속을 떠나지 않았습니다. 며칠을 고민해도 답이 나오지 않던 중에 머리나 식혀볼까 하는 마음으로 TV를 틀었습니다. 그렇게 우연히 유재석과 박진영이 가요제를 준비하는 〈무한도전〉의 한 장면을 보게 되었습니다. 그들의 대화를 지켜보면서 저는 막혀 있던 그 답을 찾을 수 있었습니다.

"제가 항상 작업을 시작할 때 제일 먼저 생각하는 게 단어예요. 뭐든지 한 단어에서부터 생각해야 돼요. 음악도, 춤도, 패션도 다 한 단어에서 시작해요."

광고도 마찬가지입니다. 한 단어에서 시작하면 해답이 보입니다.

그동안 그걸 놓치고 있었던 것입니다.

다음 날 팀원들에게 "금융은 두 가지가 전부야." "우린 이 두 가지 금융을 잘해." 이 두 문장을 연결할 수 있는 한 단어를 찾아보자고 제안했습니다.

그리고 끝없는 회의의 종지부를 찍어준 한 마디는 바로 '집중'이었습니다. 집중하면 왠지 잘할 거 같지 않나요? 집중하면 왠지 더 좋은 결과물을 낼 것 같지 않나요? 무조건 잘한다는 말보다 어떻게 잘한다는 것인지 구체적으로 보여주는 단어였습니다.

"두 가지 금융에 집중한다."

결국 이 한마디로 광고주의 선택을 받았고, 그 컨셉을 그대로 담은 광고를 온에어 할 수 있었습니다.

우리는 본능적으로 설명하고 싶어합니다. 그것도 장황하게 말이지요. 하지만 컨셉은 직관적으로 다가와야 합니다. 처음 들었을 때 각인되지 않으면 다른 수많은 광고들에 묻히게 됩니다. 그래서 컨셉이 중요합니다. 강력한 한 단어로 컨셉을 말할 수 없으면 브랜드의 메시지를 기억하게 만드는 것도 쉽지 않습니다.

이것은 광고, 마케팅뿐 아니라 비즈니스와 관련된 모든 분야에서 적용되는 법칙입니다. 그런데 이 사실을 대부분 알고 있으면서도 애써 노력하지 않습니다. 한 단어로 모든 걸 설명할 수 있는 컨셉이 과연 나올 수 있을지 의심부터 합니다. 그래서 많은 사람들이 조금 더 설명해도 되고 조금 늘어져도 괜찮다며 타협하고 포기합니다. 하지만 끝까지 한 단어에 집착하다 보면 평범했던 컨셉도 특별해질 수 있습니다.

    요즘 등장한 다양한 디지털 매체들은 TV 광고와 달리 '15초'라는 짧은 시간에 쫓기지 않습니다. 그래서인지 사람들은 갈수록 더 많이 설명해도 된다고 생각합니다. 하지만 복잡한 시대를 살아가는 요즘과 같은 때일수록 한 단어로 기억할 수 있는 컨셉이야말로 가장 효율적인 커뮤니케이션이 될 것입니다.

Concept Review

남   현대캐피탈이 잘하는 두 가지가 있지.
    자동차 금융과 개인 금융.
여   두 가지만 잘해?
남   아니~ 할 수 있는 건 많지만 두 가지에 더 집중했지.
    그랬더니 자동차 금융 1위, 개인 금융 1위!
여   와~ 대단한데!
남   그러게~ 현대캐피탈은 잘하는 것에 더 집중했을 뿐인데 말이지.

집중에 집중하다. 현대캐피탈

/ **Off the Record** /

    이 컨셉은 당시 팀의 대리였던, 현재 S차장이 낸 컨셉입니다. 좀 더 정확히 말하면 팀원들의 수많은 아이디어가 회의실 안에서 엉켜 있던 중에 그녀가 가져온 컨셉 하나로 인해 방향을 찾고 발전하게 된 거죠.
    물론 혼자서도 완벽한 컨셉을 만들어내는 경우도 있지만 대부분의 컨셉은 회의를 통해 더 단단해지거나 풍성해지기도 합니다. 회의는 위대한 원석에 멋진 화장을 더 해서 빛나게 만드는 일련의 작업입니다. 그래서 광고는 철저하게 팀워크입니다. 뛰어난 한 사람이 만들어내는 좋은 광고는 요즘 시대엔 거의 없습니다.
    성공한 캠페인의 경우 자신이 했다고 말하는 사람이 50명도 넘습니다. 이 말은 맞기도 하고 틀리기도 한데, 최종 방향을 찾아주는 건 한 사람일지 몰라도 완성은 여러 명이 같이 해내기 때문입니다.
    컨셉은 공동작업입니다. 혼자만 영웅이 되려고 하지 마세요!

떠나간 연인을
돌아오게 하는 기술

떠나간 연인을 다시 돌아오게 해준
라네즈 "스킨의 힘을 믿으세요"

"어떤 문제에 봉착했을때 그 해결점을 찾지 못하는 이유는 처음부터
문제의 본질이 무엇인지 제대로 프레임 하지 못해서일 가능성이 높다.
프레임은 문제를 해결하는 가장 중요한 열쇠다. 작가가 작품 사진을
적지 못하는 이유가 사진기의 성능에 있다기보다
'멋진 장면'을 포착하지 못하는 것과 같은 이치다."

- 『펩시가 코카콜라를 이긴 힘』 中 -

2005년 라네즈는 큰 위기를 겪고 있었습니다. 미샤, 더페이스샵 등의 저가 화장품 브랜드가 시장에 등장하기 시작하면서 가격경쟁력에서 뒤처지게 되었지요. 라네즈는 브랜드 존폐위기를 겪고 있었습니다. 판매는 현저히 줄었고 소비자들은 더 이상 라네즈를 보지 않았습니다. 라네즈를 국민 브랜드로 만들어주었던 "Everyday new face"의 광고 캠페인도 이런 분위기를 다시 돌릴 수 없었습니다.

마케팅을 하다 보면 브랜드를 죽여야 할지 말아야 할지 선택의 기로에 서게 될 때가 있습니다. 돌파구가 잘 안 보이는 경우지요. 그럴 때 좋은 컨셉은 새로운 길을 만들기도 합니다. 지금은 잘 나가는 브랜드가 한때 존폐의 위기에서 어떻게 탈출했는지, 당시의 기억을 꺼내서 이야기해보려 합니다.

다음은 라네즈의 경쟁 프레젠테이션 때 제시했던 기획서 내용을 간단히 정리한 것입니다.

기획 스토리

① 여자에게 가장 슬픈 일은 사랑을 받지 못하는 것이 아닙니다. 관심을 받지 못하는 것입니다. 지금 라네즈가 싸워야 할 가장 큰 적이자 넘어야 할 가장 큰 산도 바로 '소비자의 무관심'입니다. 다시 소비자의 관심을 끌기 위해서는 이제까지의 화장품 광고가 보여준 방식과 전혀 달라야 하고, 완전히 새로워야 합니다. 그러기 위해서는 기존의 고정관념을 깨는 용기가 필요합니다.

② 라네즈가 그동안 해왔던 방식은 젊은 감성의 'Active Trendy Beauty'를 행복한 무드로 포장하여 보여주는 것이었습니다. 하지만 기존 타깃인 25세 여성을 세련되고 트렌디한 이미지, 당당하게 나의 길을 가는 여자들로 포지셔닝 하여 브랜드의 이미지를 유지하는 방식에서 이제는 벗어나야 합니다.

③ 브랜드와 고객 사이에는 관계가 있는데, 라네즈와 고객은 연인관계입니다. 그것도 아주 오래된 연인이지요. 지독한 바람둥이 연인의 식어버린 마음을 돌리기 위해 헤어스타일을 바꾸고 다이어트를 하고 새 옷을 사 입어도 오래된 연인은 잠시 눈길만 주고 말 뿐입니다. 그녀의 마음을 온전히 되돌려 놓기 위해서는 '공감'이 필요합니다.

④ 기존 화장품 광고에서 흔히 볼 법한 방식, 모델의 행복한 모습을 내세워 선망의 대상으로 포지셔닝 하는 것은 너무 식상합니다. 라네즈의 새 광고가 고객들의 공감을 끌어내는 새로운 방식으로 접근한다면 분명 관심을 돌릴 수 있을 입니다. '공감으로 그녀들의 마음을 돌리자.'가 이번 캠페인의 전략입니다.

경쟁 프레젠테이션에서는 브랜드가 나아갈 새로운 방향을 제시하였고, 새로운 광고의 카피는 아래와 같았습니다.

광고 카피

스물다섯 살 그녀에게 물어봅니다.
"참 좋은 나이, 넌 아침이면 늘 행복하겠구나."
스물다섯 살 그녀는 말합니다.
"아침이 늘 즐겁진 않아요."
그런 그녀에게 라네즈가 말합니다.
"스킨의 힘을 믿으세요."

어젯밤 그녀는 과음을 했는지 모르겠습니다.
어쩌면 연인과 승부가 나지 않는 긴 싸움을 했는지도.
아니면, 늘 똑 같은 아침, 또 하루의 시작이
그녀를 침대에 붙들어 놓고 있는지 모릅니다.
그녀가 스스로에게 물어봅니다.
"일어났니?"
"일어났니? 각질."
라네즈가 그녀에게 말합니다.
"스킨의 힘을 믿으세요."

광고주는 '동경'이 아닌 '공감'이라는 솔루션을 제시한 이 컨셉을 선택해주었고, 대한민국 화장품 광고 역사상 단 한 번도 볼 수 없었던 그리고 10년이 지난 지금도 볼 수 없는 그런 화장품 광고가 만들어졌습니다.

사실 이 광고가 온에어 되고 여기저기서 엄청난 반대의 목소리가 있었습니다. 제품에 대한 기능에 대해서는 아무 얘기도 없고, 너무 색다른 것만 추구한 것 아니냐, 전지현 화보집이냐, 돈이 아깝다, 같은 비난도 컸습니다. 물론 이론적인 관점에서 보면 이 광고의 컨셉이 훌륭했던 것은 아니었습니다. 하나의 컨셉으로 많은 것을 보여줄 수 있어야 잘 만든 컨셉이니까요.

하지만 브랜드가 처한 상황에 따라 컨셉은 다른 형태로 만들어지기도 합니다. 브랜드가 궁지에 몰릴수록 컨셉은 더 날카롭고 가벼워져야 합니다. 모든 것을 잡으려다 모든 것을 잃을 수도 있습니다. 마치 병 안에 있는 사탕을 모두 쥔 채로는 손을 뺄 수 없는 것처럼 말이지요.

라네즈는 제품을 보는 관점 즉 프레임을 바꾸었기 때문에 소비자들의 떠난 마음을 움직일 수 있었습니다. 최초 광고주가 목표했던 '다시 관심끌기'에 성공한 것이지요. 이 광고를 통해 다른 저가 브랜드와는 비교도 안 될 정도로 가성비가 좋다는 입소문도 이어지게 되었습니다. 더 나아가 매스티지 브랜드(적절한 비용의 고급 이미지를 가진 브랜드)로 이미지가 격상되어 중국 및 동남아 시장에서 인기 화장품 브랜드로 자리잡는 결정적인 계기가 되었습니다.

위기를 딛고 일어선 라네즈는 지금까지 자신만의 새로운 이미지를 구축해가며 성장하고 있습니다. 중국 관광객들이 면세점 앞에서

줄 서서 구매하는 글로벌 브랜드로서의 행보를 이어가고 있지요.

잘 만든 컨셉은 브랜드가 나아가야 할 방향을 잡아주고, 막힌 물줄기의 흐름을 바꿔주는 댐과 같은 역할을 하기도 합니다. 순식간에 상황을 반전시켜주는 놀라운 힘이 있지요. 다른 곳을 보던 소비자의 고개를 돌려 다시 나를 보게 하는 것, 그것이 바로 컨셉입니다.

// **Concept Review** //

스킨은 눈물이 아니다.
스킨의 힘을 믿으세요.
어느 날 라네즈로부터.

파워에센셜 스킨 LANEIGE

Off the Record

2005년경에도 전지현 씨는 톱스타였습니다. 그때 처음으로 만나 작업했는데 그야말로 여신의 아우라가 있었습니다. 사실 컨셉이 누구를 통해서 발현되느냐에 따라 결과는 달라집니다. 전지현 씨가 아니었다면 이런 종류의 컨셉은 내지도 않았을 것이고, 브랜드의 이미지도 고급스럽게 끌어올리기 힘들었을 겁니다.

브랜드의 심볼과 브랜드의 적합도는 굉장히 중요합니다. 컨셉에 대한 고려 없이 인기가 있다고 해서 단순히 그 유명세를 내세워 빅 모델을 선정하는 것은 모델만 좋은 일 시키는 격이 됩니다. 오히려 빅 모델일수록 여러 광고에 출연하여 다른 브랜드 이미지와 혼선을 일으키기 일쑤입니다. 광고의 모델을 선정할 때 다른 브랜드와의 경쟁을 염두에 두는 영리함을 잃지 않았으면 좋겠습니다.

시장에서 살아남는 '3의 법칙'

꼴등에서 단숨에 3등으로 올라선 온라인 쇼핑몰
엠플닷컴 "적들의 쇼핑법"

"모든 사람을 만족시키려는 사고는 반드시 실패한다."
- 피트윌슨 『두려움이 속삭일 때』中 -

단점 하나 없이 완벽한 사람은 없습니다. 그런데 저는 직장이란 새로운 세상(익숙하지 않은 권력구조에 따라 남의 눈치를 보며 살아남아야 하는 곳)에 도착했을 때, 나의 수없는 단점들을 보완하려고 이상하리만치 애쓰며 살았습니다. 윗사람 누가 한마디 하면 그거에 휘둘려서 지적한 것을 고쳐보려고 하고, 동기가 남다른 장점으로 칭찬받으면 나도 한 번 칭찬받으려고 자신과는 정반대되는 모습으로 살아보려고 노력했습니다. 심지어 술도 못 먹으면서 술자리에서 잘 노는 사람이 일도 잘한다는 말을 듣거나 잘 노는 동기가 그런 이유로 칭찬을 받으면 저도 모르게 과음하고 내 안에 없던 이상한 나를 끄집어 내곤 했습니다.

아마도 그때는 모든 사람에게 칭찬받고 싶은 마음이 강하게 작용했기 때문인 것 같습니다. 단점 없는 완벽한 사람이 되어야 실력이 있는 거라 착각했던 것이지요. 완벽한 사람이 없듯이 모든 사람을 만족시킬 수 있는 사람도 없습니다. 브랜드도 마찬가지라고 생각합니다. 모든 사람을 만족시키는 브랜드는 없습니다. 모든 사람을 만족시키려고 하다 보면 그 누구도 만족시키지 못하는 브랜드가 되고 맙니다. 반대로 이야기하면 만족시킬 수 있는 정확한 타깃이 있다면 그것이 바로 그 브랜드의 존재 이유가 됩니다.

디지털 시대가 되면서 가장 치열한 경쟁이 붙었던 시장은 바로 모바일 쇼핑몰 브랜드입니다. 기존의 오프라인 매장에서 시작한 이마트, 홈플러스, 롯데마트는 모바일 채널로의 확장을 통해서 이 시장을 리딩하려고 합니다. 또한 소셜커머스에서 시작한 쿠팡, 티몬, 위메프, 프라이스 등의 모바일 기반 쇼핑몰들도 사세를 더욱 확장하여 '손 안의 쇼핑몰' 리더가 되기 위해 과감한 마케팅을 전개하고 있습니다. 최근 기사에 의하면 한국 시장에 아마존까지 진출하는 것을 고려 중이라고 하니, 엄청난 돈이 왔다 갔다 하는 모바일 쇼핑몰 간의 전쟁은 앞으로도 치열하게 전개될 것 같습니다.

인간사가 돌고 돌 듯 시장도 마찬가지입니다. 최근 모바일 쇼핑몰 간의 전쟁은 저에겐 다소 기시감이 있습니다. 2000년대 중반, 웹(PC)을 기반으로 한 인터넷 쇼핑몰 G마켓, 옥션, 인터파크 간의 전쟁이 바로 그것입니다. G마켓(당시엔 G마켓이 인터파크의 자회사였습니다)과 옥션이 1등의 자리를 두고 치열하게 다투고 있었고, 3등의 자리를 차지하기 위해 여러 브랜드들이 춘추전국시대의 싸움을 하고 있었지요.

마케팅에는 유명한 '3의 법칙'이 있습니다. 3등의 자리에 들어가야 시장에서 살아남을 수 있고 소비자에게 지속적인 선택을 받을 수 있다는 뜻입니다. 3등을 차지하지 못한 나머지 브랜드들은 시간이 갈수록 점점 힘을 잃고 사라지기 쉽다는 말이기도 합니다. 그래서 3등 안에 들어가려고 그 많은 마케팅 비용을 투여하는 것입니다. '소비자들이 즉각 떠올릴 수 있는 구매 고려군 3위 안에 들어가는 것.' 당시 인터넷 쇼핑몰 브랜드들도 같은 목표를 가지고 있었습니다.

3등의 자리를 차지하기 위한 왕좌의 게임에 참전한 새로운 브랜드는 CJ의 엠플닷컴이었습니다. 마케팅을 잘하기로 소문난 CJ는 이 시장의 가능성을 보고 아예 새로운 회사를 설립할 정도로 적극적이었습니다. 고수는 단숨에 무엇인가를 이뤄내려 하지 않습니다. 천천히 조금씩 신중하게 전쟁을 시작합니다. CJ도 마찬가지였습니다. 새 브랜드의 론칭을 위한 광고주의 미션도 당장 매출과 수익 그리고 방문자 수 1등 같은 목표를 동시에 이뤄내는 것이 아니었습니다.

"최단 기간 내에 웹사이트 1일 방문자 순위를 3등 수준으로 만들어주세요."

보통의 광고주들이라면 당장 1등이 하고 싶다는 야심찬 포부를 밝히는 데 비해 좀 더 현실적인 목표를 주었습니다. 사람들이 사이트에 많이 방문하고 머물게 되면 이후 판매는 충분히 자신 있었기 때문이었지요.

우리는 엠플닷컴의 브랜드 컨셉을 먼저 고민하기 시작했습니다. 이미 시장에는 강력한 1, 2, 3등 브랜드가 존재하고 있었습니다. 그들과 같은 방법으로는 그들이 구축해놓은 장벽을 깰 수 없었습니다. 그들만의 리그에 들어가기 위해서는 정확한 핵심을 노려야 했습니다. 그들과는 다른 컨셉이 아니면 절대로 이길 수 없는 싸움이라는 판단에서 출발한 기획을 소개합니다.

기획 스토리

① "가격이 싼-, 믿을 수 있는-, 다양한 상품이 있는-, 대표 쇼핑몰-, 앞선 감각의-" 이런 문구들은 별로 새롭지도 않고 이미 경쟁 브랜드들이 수없이 떠들어온 컨셉입니다. 그렇다고 "미니엠플, 강화된 검색기능, 주제어 서비스"와 같이 엠플닷컴이 가진 강점만으로는 고객과 시장을 뒤흔들기엔 충분해 보이지 않습니다. 쇼핑에 대한 새로운 생각, 누구를 위한 쇼핑인지 처음부터 다시 고민할 필요가 있었습니다.

② 사실인지 아닌지는 모르겠지만 유명한 이야기 하나 들려드리지요. 미국이 소련과 한창 우주 개발 전쟁을 치루던 시절에 NASA(미항공우주국)에서는 무중력 공간에서 쓸 수 있는 볼펜을 제작하게 됩니다. 우주에서 필기를 할 때 기존 볼펜으로는 잘 써지지 않는다는 보고를 받았기 때문이지요. 이를 해결하기 위해 수십억 원을 들여서 우주에서도 사용 가능한 볼펜을 만드는 데 착수했습니다.
그런데 무중력 볼펜이 어느 정도 완성되어갈 즈음 소련에서는 이미 무중력 상태에서 필기가 가능하다는 정보를 입수하게 됩니다. 당시 소련은 이 문제를 단 1달러로 해결했습니다. 볼펜이 아닌 연필을 사용한 것입니다.

③ 이것은 관점을 전환시켜 문제를 아주 효율적으로 해결한 사례입니다.

> '우주에서도 사용할 수 있는 볼펜'을 만들어야 한다.
> ▼
> '필기'만 할 수 있다면 무엇이든 상관없다.

문제의 본질을 정확히 파악하면 다양한 해결방법을 볼 수 있는 눈이 생깁니다. 엠플닷컴의 광고 컨셉에도 새로운 관점, 본질을 꿰뚫는 전략이 필요합니다.

> 이전보다 조금 더 좋은 쇼핑몰
> ▼
> 쇼핑몰의 핵심 타깃 = 여자

모든 사람들을 위한 쇼핑몰이 아니라 엠플닷컴의 메인 타깃인 '여자들의 쇼핑'에 대해서 집중하자는 말입니다.

④ 쇼핑에 대한 여자들의 속마음을 드러내는 광고라면 분명 공감하지 않을까요? 그렇다면 엄청난 임팩트를 줄 것입니다. 여자들이 쇼핑몰에서 가장 큰 관심을 두는 카테고리가 무엇일까요? 바로 패션입니다. 패션을 소비하는 여자들의 기본적인 속마음을 들어볼까요?

"여자의 적은 여자다." 이 말을 불편해 하는 분들도 많겠지만 가끔은 진실이 될 때도 있습니다. 어쩌면 패션에 있어서 은근히 서로를 의식하는 여자들의 속마음을 가장 잘 보여주는 말이 아닐까요?

그래서 제안 드리는 컨셉은 바로 "적들의 쇼핑법"입니다.

기존의 온라인 쇼핑몰들보다 더 나은 쇼핑몰이 아닌, 완전히 다른 쇼핑몰이라야 엠플닷컴에 눈을 돌릴 것이고, 그러기 위해서는 '모든 사람'을 위한 쇼핑몰이 아닌, 쇼핑몰에서 가장 많은 수익을 올려주는 '여성'에 집중해서 핵심 타깃을 끌어오자는 의도였습니다. 지금은 그렇지 않지만 당시만 해도 온라인 쇼핑몰은 여성들의 의류와 화장품 쇼핑이 매출의 70% 이상을 차지하고 있었기 때문이지요.

그렇다면 여성 고객을 어떻게 잡을 수 있을까? 첫 번째로 그녀들의 공감을 얻어야 한다는 게 광고회사의 제언이었습니다. '여자의 적은 여자'라는 점을 살리기 위해 한 여성 아이돌 그룹 출신의 두 배우 려원 씨와 윤은혜 씨를 섭외하여 라이벌로 설정하기로 했습니다. 그리고 "적들의 쇼핑법"이라는 타이틀로 네 편의 광고를 만들었습니다.

엠플닷컴은 CJ가 만든 브랜드임에도 불구하고 충분한 마케팅 지원 없이 자생적으로 브랜드를 시장에 안착시켜야 한다는 어려움이 있었습니다. 하지만 이 광고로 인해 1차로 목표했던 '방문자 수 3위'의 자리에 오르게 됩니다. 그러자 의도했던 대로 여성들의 의류 구매 트래픽이 엄청나게 상승했습니다.

광고의 흥행이 매출 신장으로까지 이어지게 된 이유는 무엇일까요? 바로 시장에서 가장 중요한 핵심 타깃을 정하고 그들만의 숨겨진 욕구를 찾아낸 것이 가장 큰 요인이 되었습니다. 소비하는 사람들은 자신의 욕구를 충족시켜줄 제품이나 서비스를 통해서 가치를 얻고 싶어합니다. 만약 드러낼 수 없는 욕구까지 알아서 해결해줄 수 있는 브랜드라면 사랑하지 않을 수 없겠지요. 모두가 제품에 대한 얘기를 하고 있을 때 그걸 소비하는 사람들의 속마음에 주목해보세요. 엠플닷컴이 핵심 타깃인 여성, 그리고 그들이 가장 사랑하는 쇼핑에 주목했던 것처럼 말이지요.

사실 대부분의 브랜드들이 가장 핵심 타깃에만 집중하는 것을 굉장히 꺼려합니다. 왜냐하면 시장의 파이가 작아지는 것은 아닌가 하는 두려움이 있기 때문이지요. 하지만 지금 자신의 브랜드를 사랑해줄 수 있는 확고한 타깃이 없으면 미래의 타깃도 더 넓혀갈 수 없습니다.

미스터피자도 출범 당시에 같은 고민을 하고 있던 브랜드였습니다. 피자헛이 강력하게 시장을 지배하던 시절, 미스터피자는 오히려 타깃을 좁히는 방법을 씁니다. 바로 '여자들을 위한 피자'로 컨셉을 잡은 것이지요. 당시에 많은 이들이 피자가 무슨 여자들만을 위한 거냐, 그럼 다른 사람들은 오지 말라는 거냐며 이의를 제기하기도 했습니다.

하지만 데이트의 의사결정권자인 여성을 잡으면 모두를 잡는다는 판단을 했습니다. 메뉴 선택에서도 여성이 주도권을 가지고 있기 때문에 그들만 잡으면 모두를 잡을 수 있다고 생각한 것입니다. 미스터피자는 결국 공고하던 피자헛의 아성을 무너뜨리고 대한민국 넘버원 프랜차이즈가 됩니다. (이런 과감한 결정을 하고 엄청난 성과를 이뤄낸 미스터피자였지만, 지금의 상황을 보면 그 성공에 취했던 것 같습니다. 이 케이스는 단지 엠플닷컴 케이스의 이해를 돕기 위함일 뿐이라는 것을 덧붙입니다.)

엠플닷컴과 미스터피자의 사례를 통해 핵심 타깃의 마음을 얻으면 결국 그 시장을 움직일 수 있는 힘을 얻게 된다는 것을 알 수 있습니다. 모두를 만족시키려고 애쓰는 대신 핵심 타깃의 속마음에 먼저 집중하는 컨셉이라면 분명 관심을 끌 수 있습니다. 다른 브랜드들보다 '나은better' 브랜드가 아니라 '다른different' 브랜드로 자리 잡을 수 있게 되는 것입니다.

브랜드를 론칭하고 마케팅을 하는 많은 이들이 간과하는 것이 타깃의 숨은 욕망입니다. 자신의 제품만 보다가 그걸 소비하는 주체를 도외시하는 실수를 종종 합니다. 아무리 업계에 오래 있어도 말이지요. 당장 시장의 넘버원 브랜드가 되려고 하기보다 핵심 타깃을 정확히 겨냥한 뒤 그 기반을 탄탄하게 세우고 올라가는 것이 중요합니다.

Concept Review

윤은혜	언니가 예쁘다고 사고 싶다고 했던 그 가방,
	내가 먼저 샀어.
	미안해~ 언니, 또 하나 사도 돼! 난 정말 상관없어.
여자	흠, 윤은혜의 이 말은 과연 진심일까?
윤은혜	쳇!쳇!! 진짜 사면 죽었어!

적들의 쇼핑법, 엠플닷컴

Off the Record

　가장 날카로운 컨셉으로 매출을 끌어올린 엠플닷컴은 기업의 내부 사정으로 인해 사업을 계속 하지 못하게 되었습니다. 좋은 디딤발이 있었는데 살아남지 못한 부분은 너무나 아쉽습니다. 만약 CJ에서 그 상황을 잘 버텨냈다면 어땠을까요? 본격적으로 모바일 시대가 열렸을 때 더 많은 매출과 이익을 남길 수 있지 않았을까요? 아무래도 CJ가 디지털 산업에서는 앞서 있던 회사였으니까요. 물론 마케팅에 만약은 없습니다만.

가려운 곳
긁어주는 것이 컨셉

남자만을 위한 바디워시로 자리 잡은
우르오스 스킨워시 "오라, 우르오스의 세계로"

"진정한 창조자는 가장 평범하고 비루한 것들에서도
주목할 만한 가치를 찾아낸다."
- 데이비드 오길비 -

남자들은 피부에 관심이 별로 없습니다. 요즘은 화장하는 남자들도 많아질 정도로 상황이 많이 달라졌지만, 여전히 그 반대편에 있는 대부분의 남자들은 피부를 위해 스킨, 로션, 게다가 에센스까지 이것저것 챙겨 바르는 과정 자체를 귀찮아합니다. 이런 남자들의 마음을 알아채고 한 번에 모든 것을 해결해주는 올인원 화장품으로 남자들의 전폭적인 지지를 받은 브랜드가 있는데 바로 우르오스입니다.

남자라면 누구나 느끼고 있지만 굳이 이야기를 꺼낼 정도로 대단한 문제는 아닌 것들이 있었습니다. 누군가 말을 꺼냈을 때 '아 맞아. 나도 그런 게 필요했어.'라고 생각할 수 있는 잠재적인 불편함에 우르오스는 주목했습니다. 우르오스는 남성 화장품의 성공 공식을 토대로 남성용 스킨워시 시장에 진출했습니다.

지금까지 '남자들의 스킨워시'는 없었습니다. 그냥 비누로 씻거나 집에 있는 보습이 잘 되는 일반 바디워시를 사용하곤 했지요. 기혼자라면 바디워시를 선택하는 결정권은 전적으로 아내에게 있습니다. 그러다 보니 남자들도 여자들이 원하는 보습력 강하고 미끌미끌한 바디워시를 사용하곤 했습니다. 이런 남자들에게 새로운 스킨워시를 팔기 위해서는 샤워할 때 느끼는 불편함을 건드려야겠다고 생각했고, 우르오스 올인원 모이스쳐 크림의 성공 공식을 참고하였습니다.

대부분 남자들의 샤워는 짧습니다. 군대를 다녀와서 그런지 5분도 걸리지 않는 속도로 샤워를 끝냅니다. 마치 회사에서 밥 먹는 것과 같은 속도로 말이지요. 빠르게 샤워하다 보면 대충하게 되는데, 그렇다고 피지나 체취, 미끌거림 같은 것이 남는 것을 원하지는 않습니다. 그래서 남자의 샤워에 필요한 건 잔여물이 남지 않는 강력한 세정력과 사용감입니다. '짧은 시간 안에 대충 헹궈도 미끌거리지 않는 제품이라면 샤워에 대한 불편함을 완벽히 해소시켜줄 수 있다.' 우르오스의 광고 컨셉도 이러한 확신에서 출발했습니다.

"남자를 아니까! 오라, 우르오스의 세계로."

이 광고는 남자들이 그동안 사용했던 일반 바디워시가 얼마나 불편한지를 먼저 지적합니다. "그동안 불편했지? 우린 달라!" 하는 메시지를 던지며 오직 남자들에게만 필요한 제품으로 인식할 수 있게 새로운 분위기를 연출합니다.

이 캠페인 이전까지 우르오스의 올인원 모이스처라이저를 기억하는 사람들은 많았지만, 남자들을 위한 스킨워시의 존재는 잘 알려지지 않았습니다. 하지만 남자들의 불편함을 시원하게 해결해주는 화끈한 광고 한 편은 강렬한 인상을 심어주기에 충분했습니다. 스킨워시의 판매도 전년대비 10% 이상의 성장을 보여주었고, 1년 만에 브랜드의 인지도도 대폭 상승하는 성과를 이뤄냅니다.

소비자들의 작은 불편함에 관심을 기울이고, 그것을 해결해주는 것을 목표로 하는 브랜드는 많지 않습니다. 대부분의 브랜드는 꿈과 희망 그리고 동경을 팝니다. 더 나은 모습을 상상하게 하지만 지금의 불편함을 딛고 서는 것들은 아닙니다. 오히려 새로운 가치에 다가가는 것에 심리적인 거리감을 느끼게 됩니다.

요즘처럼 합리적인 소비를 추구하는 시대에는 소비자의 목소리에 좀 더 귀를 기울이고 관심을 가져야 합니다. 소비자들은 원래 이런 작은 것에 감동하기 때문입니다. 거창하고 엄청난 것에서 찾으려고 하지 말고, 스스로 먼저 소비자의 입장이 되어서 불편했던 것들을 하나둘 나열해보세요. 그 안에 좋은 컨셉을 만들어낼 수 있는 작지만 엄청난 씨앗 하나가 보일 것입니다. 작은 불편함에 집중하는 것, 가려운 데를 긁어주는 것이 곧 컨셉의 시작입니다.

Concept Review

거품을 칠하는 시간보다
헹구는, 헹구는, 헹구는 시간이 길다면
오라, 우르·오스의 세계로!
피지, 체취, 미끌거림까지
단숨에 싹 씻어버리니까, 싹 개운하니까

남자를 아니까, 우르오스!

/ Off the Record /

우르오스 스킨워시 광고를 만드는 과정 중 가장 어려웠던 것은 바로 모델 선정이었습니다. 샤워 과정에서의 장점을 어필해야 했기 때문에 모델은 반드시 상의 노출을 해야 했습니다. 게다가 강한 남성의 이미지를 보여줘야 하는 브랜드라서 웬만한 남자 톱모델들도 섣불리 나서기 부담스러워했습니다. 그렇다고 너무 어린 아이돌 스타여도 안 되고, 건장한 스타일의 30대 톱모델을 찾느라 애를 먹었습니다. 그때 구세주처럼 나타난 모델이 바로 〈삼시세끼〉의 셰프로 다시 인기를 끌던 에릭 씨였습니다.

사실 이전에도 우르오스의 모델로 활동했던 남자 배우들이 있었습니다. '오빠 피부'를 책임져줄, 남자들만의 섬세한 올인원 화장품의 이미지를 어필하기에 적절한 모델들이었지요. 하지만 새롭게 출시되는 제품의 컨셉에서는 보다 강한 분위기를 연출해야 했고 그런 모델로 에릭 씨는 적격이었습니다.

브랜드의 상징이라 할 수 있는 모델 선정은 언제나 어려움이 따릅니다. 사람의 상황이란 게 어제 다르고 오늘 다른 것이라 예상이 불가하지요. 당연히 비용도 많이 듭니다. 그래서 광고를 오래 해온 브랜드들은 유명 모델을 앞세우기보다는 특별한 마스코트나 심볼 등을 활용해서 브랜드의 상징으로 삼습니다. 심볼은 늙지도 않고, 변하지도 않고 이미지가 달라질 위험도 없으니까요. 컨셉의 이미지와 적합한 모델을 선정할 때는 이와 같은 효율성을 따져보는 것도 중요합니다.

PART 4

좋은 태도가
좋은 컨셉을 만든다

2017시즌 챔피언스리그 본선 티켓이 걸린 게임의 1차전에서 토트넘은 하프 타임 전까지만 해도 1대 0으로 안정적인 리드를 했습니다. 하지만 후반전을 시작하자마자 두 골을 빠르게 실점하고 말았습니다. 그 한 골은 선수들의 역전의 의지를 꺾어버렸지요.

경기가 끝나고 패장인 토트넘의 포체티노 감독은 이런 인터뷰를 합니다. "지금은 분석 따위를 할 수 있는 상황이 아니에요. 전술적인 상황이나 선수들의 움직임 같은 건 나중 문제예요. 2차전에서는 정신력을 위해 하나의 팀으로서 더 노력하고 더 강해져야 해요. 그게 우리의 목표입니다."

그가 전술보다 더 중요하게 여기는 것은 바로 정신력이었습니다. 이 이야기는 비단 축구 경기에만 해당되는 것은 아닙니다. 어떤 경쟁 분야에서도 더 이상 기술이나 실력이 승패를 만드는 절대적인 요인이 아닙니다. 마케팅이란 치열한 전장에서도 성공 비법이나 기술만으로는 좋은 결과를 이끌어낼 수 없습니다. 흔히들 멘탈이라고 말하는 정신력과 좋은 태도가 바탕이 되어야 마케팅 기술과 만나 좋은 결과를 이뤄내는 것입니다.

광고회사에서 일하다 보니 업계의 후배들이나 광고 지망생인 대학생들이 어떻게 하면 마케팅 기획을 잘할 수 있냐며 조언을 구하는 경우가 많습니다. 곱씹어보면 그때마다 멘탈과 태도에 대한 이야기를 조언이랍시고 해줬던 기억이 납니다.

이번 장에서는 직접 겪었던 에피소드를 통해서 컨셉을 만드는 창조력을 키우기 위해 가져야 할 생각과 태도는 어떤 것인지 나눠보려 합니다. 결국에는 태도가 컨셉을 만든다는 것을 기억하는 시간이 되기 바랍니다

결전의 순간
힘 빼는 기술

야구해설자들이 중계할 때 타자들이 연신 헛스윙을 하는 것을 보고 하는 상투적인 말 중 하나가 바로 "힘을 빼라."입니다. 골퍼들에게도 공이 엇나가거나 멀리 나가버리면 "힘을 빼고 쳐야 해요."라는 말을 연신 합니다. 그런 말을 들을 때마다 저는 궁금했습니다. 도대체 힘을 빼라는 게 무슨 말일까요? 긴장하지 말라는 뜻인 건 알겠는데, 어떻게 긴장을 하지 말라는 건지, 그럴 때일수록 힘을 어떻게 빼야 하는 건지, 그게 말처럼 쉬운 일인지….

어렸을 적에는 '자기들이(해설자들) 하는 게 아니니까 쉽게 말하지.' 하며 괜히 투덜거리기만 했는데, 나이가 들어보니 내심 그 말의 속내를 조금 알겠습니다. 긴장하고 힘주면 실력 발휘를 제대로 못한다는 말이었지요. 마음 한편에서는 이런 질문도 떠오릅니다. '힘을 빼면 진짜 실력 발휘가 되는 걸까?'

드라마에서 보면 좋은 소식과 나쁜 소식 중에 무엇부터 말해줄까, 그러던데 이 질문에 대한 답도 두 가지로 말해볼 수 있습니다. 평상시 존경하던 블로거의 글에서 본 이야기를 먼저 하겠습니다.

> "야구 선수를 예로 들어보면, 결정적인 찬스에서 그 선수가 좋은 타구를 날릴 수 있느냐 없느냐는 짧게는 스프링캠프, 길게는 몇 시즌 동안 누적된 노력에 의해 이미 결정이 나 있다. 수만 시간의 연습을 통해서 갈고 닦아진 타격폼과 선구안이 안타를 날리게 하는 거지, 그 한 순간 집중하고 불굴의 의지를 가진다고 못 칠 공을 치게 되는 게 아니란 것이다."
>
> - 블로그 '번개와 피뢰침' -

세상의 승부는 이미 시작하기 전에 이기고 지는 게 결정되어 있다고 합니다. 저의 경우를 빗대어보아도 세상만사 다 비슷한 것 같습니다. 광고회사에 다니는 저로선 '이번 캠페인은 반드시 대박을 만들겠어.' '이번 PT는 꼭 딴다.' 같은 집념에 찬 각오가 중요하긴 하지만, 훌륭한 아이디어는 의지만으로 되는 것이 아닙니다. 평소에 기른 안목과 실력이 좋은 컨셉을 만들어냅니다. 있지도 않은 통찰력이나 분석력이 그 순간 불굴의 의지를 갖는다고 생길 리가 없는 것입니다.

"하던 대로 해라. 평소에 잘해야 중요할 때 잘한다."

사실 평소에 잘하고 준비가 되어 있으면 힘을 잔뜩 넣으려고 해도 자연스럽게 풀어지는 게 사실입니다.

그렇다면 조금은 긍정적인 이야기를 해보겠습니다. 힘을 빼야 좋은 결과를 얻을 수 있다면, 힘을 빼는 구체적인 팁이 필요하겠지요.

저는 사십을 넘어 오십을 바라보는 나이에 아이가 생겼습니다. 열심히 준비해보겠다고 아내와 함께 병원에서 제공해주는 출산교육을 들었습니다. 그중에 재밌는 부분이 있더군요. 아시다시피 출산의 고통은 인간이 겪을 수 있는 최고의 고통이라고 합니다. 그래서 맨 정신으로 견디기에 힘듭니다. 고통의 원인은 아이가 나오는 부위에 수축 때문입니다. 얘기인즉슨, 산모들이 고통이 너무 심한 나머지 긴장하게 되고 아이가 나와야 하는 순간에 자기도 모르게 힘을 준다는 것입니다. 고통이 커질수록 점점 더 힘을 주게 되는데 그럴수록 아이가 나오는 문은 수축되어 나오기 힘들게 되고, 산모의 고통을 더 커지는 악순환이 반복되는 것이지요.

그런데 수년 전부터 출산 시 고통을 경감시키는 법, 즉 아이가 나오는 부위에 힘을 빼는 법 등이 알려져서 예전보다는 힘들지 않게 출산할 수 있게 되었다고 합니다. 그 방법이 바로 '소프롤로지 호흡법'입니다.

  아이가 나올 때 아픈 부위에 신경을 덜 쓰면 수축이 덜 하게 됩니다. 그래서 산모가 그 고통에 신경을 쓰지 못하도록 최대한 다른 데 정신을 쏟도록 만듭니다. 그러면 자연스레 고통 부위가 수축되지 않고 이완이 됩니다. 아이가 좀 더 원활하게 나올 수 있는 여건이 되는 것입니다. 결국 힘을 빼기 위해서는 다른 곳에 힘을 주어야 한다는 원리가 숨겨져 있지요.

  어떤 일이든 그것에만 너무 집중하면 때론 독이 될 수도 있습니다. 어떤 것을 해내야 하는 중요한 순간에 맞닥뜨린다면 잠시 힘을 빼야 합니다. 평상시에 열심히 준비해도, 여전히 힘이 들어가는 상황이 발생한다면 잠시 딴 생각을 하거나 멍을 때리며 수축된 생각의 근육을 이완시키길 권합니다. 다른 곳에 힘을 주는 방법을 평상시에 충분히 연마해놓으면 어느 순간 적재적소에 활용할 수 있을 것입니다.

어그로는
차별화가 아니다

사원 1년차에 맡았던 클라이언트가 발바닥 로고로 유명했던 행텐Hang Ten이라는 의류 브랜드였습니다. 미국 브랜드였는데 대만에서 라이선스를 갖고 있어서 당시엔 대만 회사였습니다(현재도 그런지는 모르겠습니다). 한국지사장이 인도인이었고 커뮤니케이션은 영어로 해야 했습니다. 기획과 제작 포함해봐야 20명 남짓한 작은 회사에서 마흔 살 훌쩍 넘기신 팀장님보다는 유일한 신입사원인 제가 더 젊은 감각이고(2002년엔 스물여덟 살이었습니다), 전공도 영문과라 영어도 좀 할 테니 담당 AE(광고기획자)를 맡으라는 지시를 받았습니다. 그래서 광고계에 갓 들어온 신입사원이 호락호락하지 않은 제작팀과 함께 광고를 만들어야 했습니다.

당시엔 참 호기로웠지요. 잘 알지도 못하면서 어디서 주워들은 건 있어서 무조건 달라 보여야 한다고 주장했으니까요. 행텐은 브랜드가 올드한 이미지여서 젊은 타깃층에게 관심을 받지 못한다, 그러니 20대를 겨냥하려면 무조건 튀는 컨셉으로 가야 한다고 떠들었습니다. 행텐이 가진 유일한 자산이 발바닥 모양 로고인데 이번 광고에 활용해서 다시 한 번 관심을 끌어보자는 전략이었습니다.

이런 이야기를 영어로 해야 했으니 신입사원이 어떻게 했겠습니까? 떠듬떠듬 말도 안 되는 영어를 했던 기억이 납니다. 아마 사장님은 'Differentiation(차별화)' 해야 한다는 말에만 수긍했던 것 같습니다. 그 포인트에 유일하게 고개를 끄덕였습니다.

그래서 나온 광고가 커다란 혓바닥 위에 발자국 로고를 박아 넣은 것이었습니다. 발자국 로고가 박힌 거대한 혓바닥 이미지의 광고가 붙은 버스가 서울을 지나다닌다고 생각해보십시오. 얼마나 흉측했을지….

당시에는 전략대로 제작물이 나왔다는 사실 하나에 기뻐서 '역시 전략이 좋으면 어린 기획자의 아이디어라도 수긍해주는구나.' 하고 엄청난 착각에 빠졌습니다. 지금 생각해보면 잘 만든 전략이어서 제작팀에서 광고를 만들어준 게 아니라 광고주가 수긍해주었기 때문에 울며 겨자 먹기로 만들어준 것 같습니다.

처음으로 기획한 광고가 집행되었다는 기쁨도 잠시 광고가 집행

된 지 단 7일 만에 모든 광고를 내려달라는 광고주의 요청을 받습니다. 이유는 신고가 너무 많이 들어온다는 것이었습니다.

'뭐지? 뭐가 잘못된 거지? 난 차별화해서 만든 것밖에 없는데 왜 사람들이 싫어하지?'

당시만 해도 무조건 튀는, 요즘 말로 하면 어그로(인터넷상에서 사람들의 관심을 끌기 위한 목적으로 글이나 사진을 올리는 행위)를 끄는 게 차별화의 컨셉이라고 착각했던 것입니다. 패션 브랜드면 패션과의 연결고리 안에서 차별성을 꾀해야 하는데 일반적인 상식을 벗어난 광고로 부정적인 반응을 일으켰지요. 어그로는 차별화가 아닌데 그 차이를 몰랐던 것입니다.

지금도 차별화에 대해서 잘못 알고 있는 사람들이 많습니다. 맥락 없이 무조건 튀고 돋보이는 것은 차별화가 아닙니다. 그저 일회적으로 돌아보게 할 뿐 브랜드에 그다지 큰 도움을 주지 않습니다. 요즘은 무플보다 악플이 낫다고 하지만, 사람들의 선호를 먹고 사는 브랜드의 입장에서 악플은 반드시 잘라내야 할 잡초와 같습니다.

차별화의 진정한 의미에 대해서는 너무나 오랜 시간이 지나서야 알게 되었습니다.

"차별화는 전술이 아니다. 일회적인 광고 캠페인도 아니다. 그리고 혁신적인 신제품을 출시하는 것도 아니며, 마일리지 프로그램을 만들어내는 것 또한 아니다. 진정한 차별화란, 말하자면 새로운 생각의 틀이다. 새로운 눈으로 세상을 바라보는 태도이다. 그리고 사람들을 이해하고, 그들의 생각과 행동을 인정하는 태도이다."

- 문영미, 『디퍼런트』 中 -

광고를 만들면서 다른 사람의 돈으로 내가 해보고 싶은 컨셉을 만들어서 차별화라고 우기는 실수는 하지 말아야 합니다. 내 욕심을 채우는 전술은 진정한 차별화가 아니라는 것을 깨달아야 하지요. 누구나 쉽게 생각할 수 있는 무조건 튀어보려는 전략은 더 이상 남용되어서는 안 됩니다. 컨셉을 만들기 전에 새로운 눈으로 브랜드와 세상을 바라보는 태도를 가지는 것이야말로 차별화된 컨셉을 만드는 첫걸음이 될 것입니다.

사람은 가도
브랜드는 남아야 한다

    모 쇼핑몰 브랜드의 경쟁 피티에 참여하게 되었습니다. 이 브랜드는 사장이 새로 오거나 임원진이 바뀌게 되면 브랜드의 새로운 정체성을 알리기 위한 TV 광고를 했습니다. 문제는 그동안 브랜드를 위해 수십억, 수백억 원을 들여서 쌓아온 이미지를 모두 뒤집고 매번 제로 지점에서 다시 시작하는 것이었습니다. 옷 갈아입고 다시 나온다고 브랜드가 새로워지는 것도 아닌데, 마치 점 하나 다시 찍고 나오면 다른 사람이 되는 줄 아는 막장 드라마 같은 일들이 마케팅 현장에서도 벌어집니다.

    사실 대부분의 브랜드가 내부 경영진이 바뀌면 브랜드 컨셉부터 새롭게 만들고 싶어합니다. 하지만 이번 피티는 좀 달랐습니다. 신임 사장님은 예전부터 귀에 못이 박히도록 들었던 브랜드의 이름이자 가치인 그 한마디를 계승하자고 했습니다. 전임 사장님의 유산을 굳이 지우지 말자는 것이었지요. 실무진들은 그 지겹고 식상한 컨셉을 왜 살려가야 하는지 모르겠다는 입장이었습니다. 하지만 아무리 혁신적이고 평등한 조직에도 사장님 이기는 직원은 없습니다. 신임 사장님은 단호했습니다.

"그 한마디가 우리 브랜드를 연상시키는 유일한 자산입니다. 그걸 우리만의 자산으로 만들기 위해 부은 돈이 얼마인데 그걸 버립니까? 수백억 원을 들였는데 이제 와서 오래되고 식상하다고 버리고 다시 하자고요? 그것이야말로 낭비라고 생각합니다."

브랜드는 오랜 시간의 성과와 이미지가 쌓이고 쌓여서 만들어집니다. 그런데 자신을 과시하고 드러내는 것 외에는 별 의미 없는 휘발성 있는 광고는 잠깐의 관심은 불러 모을 수 있겠지만 브랜드에는 별 도움이 안 된다는 의견이었습니다.

사장 하나 새로 왔다고 보여주기식 광고를 또 만드는 건 아닌 거 같다는 그 생각은 결과적으로 옳았습니다. 브랜드의 성장은 변화와 유지 사이의 결단으로 완성되기 때문입니다. 바꿀 건 바꿔야 하지만 살릴 건 살려야 합니다.

『사피엔스』에는 이런 이야기가 있습니다. 영국과 독일의 제국주의는 칼과 힘에 의한 것이었지만 지금의 제국주의는 문화제국주의라는 것입니다. 제국의 문화로 인해 서서히 종속되어간다는 의미지요. 칼과 힘에 의한 것이든 문화에 의한 것이든 제국주의를 배우자는 것은 아니지만, 제국주의를 지탱하는 힘 중의 하나는 기존의 유산을 부수지 않는다는 원칙입니다. 인도 뭄바이 빅토리아역은 영국이 철수해도 여전히 건재하고, 타지마할은 새로운 나라와 정권이 들어서도 지금껏 보존되어온 것처럼 정권이 바뀌고 나라가 바뀌어도 유지할 것은 유지해야 한다는 것입니다. 그 위에 새로운 게 쌓이고 쌓여서 문화는 발전하기 때문이지요.

왜 대한민국에는 유서 깊은 브랜드가 많지 않을까요? 누구는 우리나라 사람들의 냄비 근성 때문이랍니다. 쉽게 좋아졌다 쉽게 질려서 그렇다는 것입니다. 하지만 전 이 생각에 동의하지 않습니다. 초코파이, 헤라, 아이오페와 같이 우리 곁에 오래 남아 있는 브랜드들이 그것을 증명합니다.

브랜드의 가치는 오랜 시간 단단하게 완성되어가는 건데 일하는 사람이 바뀌면 지금까지 해온 것들은 무시하고 다시 시작하는 데 문제가 있습니다. 기존의 업적을 지우지 않으면 새로운 시작을 하지 못한다는 생각, 이전의 것을 눌러야 내가 돋보인다는 생각, 모든 것을 다시 나로부터 만들어나가야 한다는 생각…. 이 모든 것들이 브랜드의 성장을 가로막는 것은 아닐까요?

지금은 미국 메이저리그로 건너간 야구 국가대표 4번 타자 박병호가 '왜 엘지 트윈스에서는 포텐이 터지지 않았을까?' 하는 의문에 대해 여러 사람들이 분석한 내용 중 가장 신빙성이 있는 이야기가 있습니다.

'선수 자체는 좋은 실력을 가졌는데, 코치들이 올 때마다 자기 방식대로 처음부터 다시 하게 만들었다. 마음 착한 박병호는 순순히 따른거고…'

사람은 가도 브랜드는 남아야 합니다. 변화는 반드시 필요하지만 살릴 것은 살려야 합니다. 기존의 것들을 모두 무시하고 다시 처음으로 돌아가면 브랜드는 성장하지 않습니다. 30년 넘게 '정情'이란 컨셉을 지켜오면서도 브랜드가 지루하거나 식상하지 않게 만들어온 초코파이가 대단해 보입니다. 초코파이처럼 브랜드를 대하는 분들이 많아졌으면 좋겠습니다.

너의 목소리를
들려줘

2016년 SSG의 "쓱" 광고가 장안에 화제가 되었습니다. 매해 이런 히트 광고들은 하나씩 있었지요. 대림건설의 "진심이 짓는다", 현대카드의 수많은 성공 캠페인처럼 언제나 시대의 고정관념에서 벗어나 관점을 뒤흔든 광고들이 있었습니다. 그런 대박 광고가 나올 때마다 대부분의 광고주들은 광고대행사에 천편일률적으로 비슷한 요청을 합니다.

"우리도 '쓱' 같은 광고를 만들어주세요."

이럴 때면 정말 돌아버리겠습니다. 그 광고야말로 브랜드의 이름을 말장난 하듯 변형시켜 브랜드의 가치가 낮아 보일 여지가 있었는데도 스토리보드(그림으로 구성된 광고시안)만 보고 '이거 잘 되겠다.'는 판단을 한 광고주의 엄청난 안목과 결단력이 만든 결과였기 때문입니다. 사실 이런 용기와 안목을 가진 광고주는 거의 찾아보기 힘듭니다.

SSG는 이 광고 한 편으로 엄청난 화제를 만들어내면서 매출이 60%나 증가했습니다. 이런 성공을 지켜본 다른 브랜드의 광고주들은 너도나도 같은 광고를 만들어달라고 합니다. 그래서 히트광고와 정말 비슷한 컨셉을 만들어서 제시하면 하나 같이 "너무 SSG 광고 같다." "우리 광고 같지 않다."고 합니다. 똑같이 만들어달라는 게 아니라 똑같이 대박을 내달라는 말이었다며 그제야 속마음을 드러내지요.

남을 따라 하려는 마음, 남이 만들어놓은 것에 묻어가려는 마음, 남과 같은 옷을 입으면 그 사람처럼 될 것 같다는 착각. 하지만 명품을 든다고 그 사람이 명품이 되는 건 아닌 것처럼 똑같은 광고를 만든다고 그 브랜드나 제품이 좋아지는 것은 아닙니다.

먼저 가리고 남들처럼 치장한 모습이 아닌, 있는 모습 그대로 나의 정체성을 찾아서 어필해야 합니다. 자신의 뚜렷한 정체성 없이 좋아 보이는 것을 따라 하려고만 하면 평생 그 뒤꽁무니만 쫓아가는 인생 혹은 그런 브랜드가 될 것입니다. 자기 목소리가 중요하다는 조언은 비단 〈K-pop 스타〉에 나와서 모창하는 참가자에게만 해당되는 이야기는 아닌 것 같습니다.

새로운 성공을 만들어주는 실패노트

지난 무더운 여름 7월과 8월에 연이어 두 개의 경쟁 프레젠테이션을 했습니다. 차라리 한꺼번에 두 개를 준비하는 게 더 나을 법했다는 생각이 들 정도로, 연이어 하는 프레젠테이션은 참으로 피곤하고 괴롭습니다. 특히 같이 일하는 혈기 왕성한 팀원들이 야근과 주말근무로 인한 압박감에 시달리고 시들어가는 것을 보면 더 큰 미안함과 책임감을 동시에 느낍니다.

한 팀을 꾸려나가는 팀장으로서 새로운 임무가 생긴 것 같더군요. 팀원으로 있을 때는 내 일만 잘하면 되고 좋은 기획과 컨셉만 잘 만들어내면 끝이었지만, 이제는 팀원들과 함께 효율성을 높일 수 있는 시간관리가 중요한 업무 중의 하나가 되어버린 것입니다.

이번에 진행한 두 번의 프레젠테이션은 1승 1패를 했습니다. 이기면 당연히 당당해지지만, 졌을 때는 괜히 미안한 사람이 주변에 수두룩하고 숨고만 싶어집니다. 그래서 빨리 잊고 싶은 게 '졌을 때의 마음'입니다. 확실히 잊어버리면 마음은 홀가분합니다. 사랑은 다른 사랑으로 잊는다는 노랫말처럼 말이지요. 하지만 그냥 덮어버리기에는 한없이 찜찜한 기분이 드는 건 왜일까요? 바둑의 고수 이창호 9단의 일화를 통해 그 이유를 깨닫게 되었습니다.

몇 번의 긴 토너먼트를 거쳐 드디어 몇 억이 걸린 바둑 결승전에 임하게 된 이창호 9단. 하지만 이날은 이창호의 불계패였습니다. 몇 억이 걸린 결승전은 꼭 전쟁과 같아서 패자가 지게 될 충격은 이루 말로 할 수 없다고 합니다. 그런데 이창호에게서 주목해야 할 것은 승리할 때가 아닌 패배하고 난 뒤입니다. 인간이라면 패배의 충격에서 벗어나 도망가고 싶어서 빨리 자리를 뜨고 싶을 텐데 모두가 떠난 대국장에 남아 자기를 처절하게 밟아버린 승자를 붙잡고 몇 시간씩 복기(한 번 두고 난 바둑의 판국을 비평하기 위해 두었던 대로 처음부터 다시 두는 것)를 한다고 합니다. 심지어 천 번이 넘는 모든 패배 뒤에 항상 복기가 있었다고 합니다.

저는 경쟁 프레젠테이션도 그래야 하지 않을까 생각했습니다. 심지어 바둑보다 상금이 더 커서 50억, 100억이 왔다 갔다 하는 건데 여기서 졌다고 도망가고 홀라당 잊어버리는 건 너무 비겁하다는 생각이 들었습니다. 언젠가 똑같은 실수를 반복할 미래의 나에게 너무나 무책임하다는 생각도 들었지요.

'프레젠테이션을 다시 복기하자. 아니 인생의 실패에 항상 복기를 하자.'

어디서 잘못된 선택을 한 것인지 이 방향이 아니면 어디로 갔어야 했는지 처음부터 다시 시작하기로 한 것입니다. 그때부터 하나둘씩 노트에 적어내려갔습니다. 인생도 마찬가지입니다. 새로운 성공을 만들어줄 여러분의 '실패노트'를 작성해보세요. 분명 성공의 이야기들이 점점 많아질 겁니다.

"카르페디엠Carpe diem"을 실천하는 방법

지금은 고인이 된 배우 로빈 윌리엄스 하면 떠오르는 영화가 여러 가지 있지만 그래도 대표작은 〈죽은 시인의 사회〉라는 데 이견이 없을 것입니다. 그중에서도 단연 기억에 남는 대사는 그 유명한 "카르페디엠Carpe diem"이지요. 요즘 '욜로(YOLO, You only live once)'라는 말이 유행하면서 이 대사도 다시 회자되는 것 같습니다. 듣고 보면 당연히 멋진 말이지만 정확히 어떻게 해야 카르페디엠을 실천할 수 있는 건지 의문이 생기기 시작했습니다.

"현재를 즐겨라."로 번역된 이 말의 뜻은 사실 "오늘(하루)을 잡아라."입니다. 로마의 유명한 시인 오라치움Horatium의 『Odes』라는 시 1권 11장의 전 문장은 "Carpe diem, quam minimum credula postero(오늘을 잡아라, 그리고 내일이란 말을 최소한으로만 믿어라)."입니다. 영화 속의 키팅 선생이 카르페 디엠을 이야기하면서 사용한 영어 동사 'Seize(잡아라)'는 라틴어를 정확히 번역한 것입니다. 그런데 한글자막에서는 '즐겨라'로 잘못 번역된 것이지요.

오늘을 잡으라는 표현이 와닿지 않는다면 "오늘에 모든 것을 걸어라. 즉 내일을 믿지 마라."는 뜻으로 해석되는 게 맞을 것입니다. 내일이 없을지 모르니 오늘 최선을 다하라는 말입니다. "seize the day."는 기회를 잡으라는 뜻으로 쓰이기도 합니다.

CBS 음악 FM의 아침방송으로 〈김용신의 그대와 여는 아침〉이라는 프로그램이 있습니다. 아침 7시부터 9시까지 두 시간 동안 진행되는 프로그램이어서 출근길 직장인들이 주로 듣곤 합니다. 많은 라디오 방송국들이 라디오의 본질인 음악을 멀리하는데, 이 프로그램은 주로 음악으로 모두 채워집니다. 그리고 특별한 것 하나는 진행자인 김용신 아나운서의 프로그램 마무리 멘트입니다. 10년이 넘는 기간 동안 바뀌지 않은 그 말이 바로 "오늘 하루도 당신 거예요."입니다. 많은 사람에게 힘이 되는 말이지요.

하루하루를 그저 흘러가듯 놔두는 사람들이 많습니다. 될 대로 되라, 내가 나선다고 되는 것도 없는데 왜 오늘도 열심히 살아야 하나 싶어 귀한 하루를 그냥 보내기 일쑤입니다. 하지만 하루라는 수많은 점이 모여 선이 된다고 했던 스티브잡스의 말처럼 하루하루의 충실함이 쌓여서 1년이 되고 또 10년이 됩니다. 매일 아침, 오늘 하루를 나의 것으로 만드는 삶이 쌓여진다고 생각해보십시오. 엄청난 결과가 만들어질 것입니다.

먼 미래에 올 것들을 미리 염려하고 걱정하는 건 아무짝에도 도움이 안 됩니다. 미래가 언제 내 맘대로 잘 된 적이 있기나 했습니까? 과거에 연연하지도 말고, 미래에 너무 불안해하지도 말고, 오늘을 잘 붙든다면 3년 후, 5년 후에는 언젠가 목표했던 것들이 조금씩 되어가는 것을 볼 수 있을 것입니다.

아무리 치열해도 "오늘 하루는 나의 것이다. 나는 그것을 꼭 붙잡고 살 것이다." 하는 마음으로 살아내기를 바랍니다. 머릿속에 꿈꿨던 것들이 어느새 발밑에 파도처럼 다가와 있게 될 것입니다.

아이디어를 주는 인생의 책

어릴 적 보던 무협지들은 대부분 무림의 고수를 꿈꾸는 주인공이 소림사에 들어가는 것으로 시작합니다. 자신의 재능을 소림사에서 갈고 닦아 무림의 최고봉이 되기 위한 청운의 꿈을 품고 들어가지요. 그동안 혼자 갈고 닦은 실력을 토대로 곧바로 소림사를 평정하고, 주지스님에게 소림사의 수많은 비기를 배울 것이라는 꿈은 그야말로 꿈에 불과합니다. 예비 무림의 고수에게 주어지는 훈련은 주로 물지게를 지거나 청소하는 것과 같은 허드렛일로 시작합니다. 1년이면 끝나겠지 하고 시작한 일은 2년, 3년이 지납니다. 뿔이 난 청년은 주지스님에게 따지지요. 내가 이 따위 물지게 지려고 소림사에 들어왔는지 아느냐고. 그러면 주지스님은 이렇게 말합니다.

"네가 한 것은 허드렛일이 아니다. 무술의 최고봉인 당랑권의 가장 기초가 되는 체력을 기르기 위함이었다."

무엇이든 기초가 되는 체력이 있어야 다음 진도를 나가듯, 컨셉도 마찬가지입니다. 많은 분들이 묻습니다. 브랜드를 만드는 아이디어는 어디서 오는지, 컨셉을 잘 만들려면 어떤 것들을 참고해야 하는지 말이지요. 사실 좋은 아이디어와 통찰력을 저는 대부분 책을 통해 배웠습니다. 광고 지망생이나 후배들에게, 매일 브랜드의 방향에 대해 고민하고 새로운 제품의 컨셉을 만들어야 하는 수많은 직장인 혹은 작은 가게 사장님들까지, 냉철한 통찰력과 관점이 필요한 분들이라면 누구나 지금부터 소개하는 책들에서 도움을 얻을 수 있을 것입니다. 당장에 필요한 정보는 되지 못할지라도 앞으로의 통찰의 중요한 밑거름이 될 것은 분명합니다.

아이디어를 내는 방법

 대부분 광고계에 종사한다고 하면 창의력이 뛰어나고 아이디어가 돋보이는 사람일 거라는 선입견이 있습니다. 새로운 사람을 만나서 직업을 이야기하면 '창의력'이라는 세 글자가 바로 화두에 오르곤 합니다. 그런데 그런 말을 들을 때면 너무 민망해서 손발이 오그라드는 기분입니다. 실제로 필자가 그렇게 톡톡 튀는 아이디어가 있는 사람도 아닐 뿐더러, 어릴 적 성격유형검사를 하면 공무원이나 은행원, 교사 같은 직업군이 잘 맞는다고 나올 정도로 이 직업과는 거리가 먼 성향입니다. 그럼에도 지금까지 이 업계에서 일하는 것을 보면 창의력은 선천적인 부분 외에 노력에 의해서도 키울 수 있는 영역인 것 같습니다. 늘 새로운 아이디어가 필요한 분들이나 창의력이 인생의 밥줄이 된다고 할 정도로 절실한 직종에 종사하는 분들에게 도움이 되는 책을 한 권 소개하겠습니다.

 『아이디어를 내는 방법』은 미국 광고 명예의 전당에 등재되어 있는 유명한 카피라이터 제임스 W. 영(James Webb Young)이 쓴 책입니다. 총 48쪽 정도의 굉장히 짧고 심플한 책이지만 무려 반세기가 지난 지금 읽어도 전혀 문제가 없을 만큼 핵심을 잘 담은 책입니다. 이 책을 보고 있노라면 역시나 고전은 시간이 지나도 읽히는 힘이 있다는 걸 느끼게 됩니다. 아이디어 내는 법을 이만큼 일목요연하게 잘 정리한 책이 있을까 싶습니다. 국내에 출간된 책을 읽는 것

도 좋겠지만 굉장히 쉬운 영어로 되어 있는 원서 『A Technique For Producing Ideas』를 읽어보시기를 적극 추천합니다.

만약 고교야구 여자 매니저가 피터 드러커를 읽는다면

　이 책의 표지는 일본 순정만화처럼 보이지만 알 만한 사람들은 다 아는 경영학 책입니다. 그것도 아주 실용적인 경영학 책이지요. 소개하자면 피터 드러커의 원론적인 경영전략을 고등학교 야구부 매니저가 야구부 운영에 적용한 사례집입니다. 피터드러커의 이론은 워낙 유명하여 조금씩은 알고 있지만 실제로 비즈니스 현장에서 어떻게 적용해야 할지는 다소 막연한데, 이 책은 그 이론을 쉽게 설명하고 있습니다.

　우리가 알고 있는 지식이 삶에서 발현되지 못하는 이유 중에 하나는 바로 적용하지 않기 때문입니다. 그런 지식은 죽은 지식입니다. 실제로 부딪쳐보고 경험해보려 하지 않는 우리 몸의 관성 때문에 수많은 책을 읽어도 머릿속에만 차곡차곡 쌓여 있고 그 어떤 성과도 내지 못합니다.

　하지만 이 책을 다 읽고 나면 '나도 브랜드 매니지먼트를 해보고 싶다'는 마음이 들 것입니다. 이 책이야말로 몸을 움직이고 직접 실행해볼 수 있게 만드는 좋은 촉매제가 된다는 점에서 추천할 만합니다.

이 책이 많은 사람들의 관심을 받게 된 결정적 계기는 야구부와 매니지먼트라는 두 개의 낯선 이야기가 만난 효과 때문일 것입니다. 주목받는 컨셉을 만들어야 한다면 두 개의 낯선 것들끼리 만나게 하십시오. 거기서 일어나는 스파크가 바로 크리에이티브의 시작입니다.

고수의 생각법

우리나라 바둑 역사에 길이 남을 두 명의 라이벌이 있습니다. 조훈현과 조치훈. 같은 조 씨이고 같은 한국인이지만, 조훈현을 응원하는 이들이 늘 많았습니다. '한국을 대표하는 바둑기사' 하면 조훈현이었으니까요. 그래서 이 분의 생각 노트는 왠지 훔쳐보고 싶어졌습니다.

"바둑을 어떤 식으로 놓는다는 것은 세상을 어떤 식으로 살아가겠다는 나만의 선언이다."

이 책에서 바둑기사들은 자기만의 정체성, 즉 확실한 자아가 담긴 '류'가 있는 바둑을 둔다고 합니다. 조훈현, 조치훈, 이창호, 유창혁, 서봉수 모두 각자의 바둑이 있다는 것이지요. 그런데 요즘 바둑을 두는 기사들에게서는 그런 게 안 보인다는 겁니다.

저자인 조훈현 9단은 그 이유를 교육의 문제라고 지적합니다. 선생이 붙잡고 하나하나 가르쳐주는 학원식 교육이 문제라는 것이지요. 어떻게든 빠른 결과를 내어 학생과 부모에게 만족감을 주어야 하기 때문에 아이들에게 상상의 자유를 주기보다는 공식을 외우게 한다고 말합니다. 바둑은 아이들의 생각을 겨루는 것인데 누가 더 정보를 많이 넣어두었느냐의 싸움으로 바뀌어버린 것입니다. 이런 상황에서는 자기만의 '류'가 나올 수 없습니다. 생각이 한정되면 자아도 한정되기 때문이지요.

그에 반해 조훈현의 스승인 세고에 겐사쿠는 지도하기 위한 목적으로 조훈현과 바둑을 둔 적이 한 번도 없다고 말합니다. "답이 없는 게 바둑인데 어떻게 스승이 답을 주겠느냐. 그 답은 네가 스스로 찾아라." 그러면서 덧붙인 말이 "답이 없지만 답을 찾으려고 노력하는 게 바로 바둑이다."라는 것입니다.

그게 비단 바둑에만 해당되는 말일까요? 우리 인생도 마찬가지입니다. 저자는 공식을 외워서 문제를 푸는 것은 쉽지만 공식을 벗어난 문제가 나왔을 때 혼자서 실컷 헤매본 사람만이 자신만의 해법을 찾을 수 있다고 말합니다. 아이디어를 찾아가는 과정도 마찬가지입니다. 기계적으로 주어진 숙제만 하는 것과 좀 더 고민하고 끝까지 파고들어 방향을 찾아가는 것, 어떤 것을 택할 것인지는 여러분에게 달렸습니다.

컨테이저스

평소 자기계발서나 유명한 사람의 경영론은 잘 믿지도 않고 크게 감흥을 느끼지도 않는 편입니다. 하지만 『아웃라이어』의 저자 말콤 글래드웰처럼 우리 안에 있는 고정관념을 산산이 무너뜨리는 책들은 좋아합니다. 컨셉을 만드는 일은 고정관념에서 벗어나서 새로운 관점에서 문제를 해결하는 것이기 때문입니다. 따라서 내가 당연하다고 생각해왔던 것들에 대해 다른 시각을 제시하며 실제 사례를 들어 증명해주는 책, 그것으로 그치는 것이 아니라 고정관념을 극복할 수 있는 방법을 명쾌하게 일러주는 책이 필요합니다.

와튼 스쿨의 교수인 조나 버거의 『컨테이저스 : 전략적 입소문』이란 책을 소개합니다. 이 책은 전 세계에서 바이럴 마케팅으로 가장 성공한 캠페인들을 언급하고 있습니다. 각 사례마다 바이럴 마케팅이 나오게 된 계기는 무엇이고 어떻게 해서 그런 결과들을 이끌어냈는지 보여줍니다. 특히 다양한 사례 속에서 그들이 인사이트

를 얻어낸 방법들을 차근차근 정리해줍니다. 고기 잡는 법을 알려주는 책이라고 해야 할까요? 단순히 바이럴 마케팅에 대한 소개가 아닌 그것이 잘 될 수밖에 없었던 본질적인 원인, 그 인사이트를 찾아내는 방법을 언급한 책입니다. 디지털 마케팅에 관련된 일을 한다면 꼭 읽어보기를 추천합니다.

자신 있게 결정하라

비즈니스를 하다보면 매번 결정의 교차로에 놓입니다. 대부분의 직장에서도 크고 작은 결정들이 이루어지고 있고 그것이 사업의 성패를 갈라놓기도 합니다. 그 과정에서 항상 고민하는 직장인들에게 『스틱』의 저자인 스탠포드 대학의 히스 형제가 쓴 『자신 있게 결정하라』를 추천합니다.

이 책은 대부분의 사람들이 삶이나 비즈니스에서 중요한 결정을 지나치게 감정적으로 한다는 점을 들춰냅니다. 그리고 우리에게 올바른 결정을 이끌어내는 방법들을 알려주고 있습니다. 비즈니스에서 매번 결정의 교차로에 놓이고 마는 우리 직장인들이 한 번쯤은 읽어보면 좋을 책입니다

물론 이 책에 나오는 방법들은 너무 이상적일 수도 있습니다. 하

지만 책을 읽으면서 나에게 맞는 방법을 찾아 과거의 결정들에 대입해보는 건 어떨까요? 그동안의 결정들이 터무니없는 것은 아니었나 다시 한번 곱씹어보는 시간을 가졌으면 합니다.

자기다움

어제보다 나은 오늘을 꿈꾸는 자들의 필독서가 있습니다. 『자기다움』을 읽으면서 느낀 건 과연 나란 사람은 누굴까 하는 것이었습니다.

'나는 내가 아닌 다른 사람의 모습을 살고 있는 건 아닐까? 과연 나란 사람으로 제대로 살고 있는 걸까? 그렇다면 나답기 위해 나는 무엇을 하고 있을까? 내가 하는 일은 과연 나다움을 보여줄 수 있는 일인가? 내 보스를 위해 사는 건 아닌가?'

이런 질문들이 아이디어를 찾는 것과는 거리가 먼 근본적인 이야기로 들릴지도 모릅니다. 하지만 단추를 처음부터 제대로 끼워야 옷을 제대로 입을 수 있는 것처럼 자기다움을 먼저 찾아야 내 삶도 그리고 일도 성장하고 발전할 수 있다고 이 책은 말합니다. 여러분이 남의 인생을 살 것인지 아니면 자기다운 인생을 살 것인지 결정하는 데 도움을 줄 것입니다.

인생이 왠지 즐겁거나 행복하지 않고 매일매일이 힘들고 어려운 사람들, 뭔가 다른 것을 해보고 싶고 이것저것 생각이 많은 사람들,  아직도 난 뭐가 되어야 할까 고민하는 사람들, 인생의 중요한 결정의 기로에 서 있는 사람들…. 여러분이 이런 상황에 해당한다면 책을 통해 자기다운 삶을 살 수 있기를 바랍니다. 인생의 새로운 전환점이 될 것입니다.

/ EPILOGUE /

괜찮아,
아무것도 안해도

광고회사에 들어가고 나니 일이 엄청나게 바빴습니다. 연예인들도 많이 보았고, 내가 참여한 광고가 TV에서 나오는 것도 신기했습니다. 열심히 노력하면 할수록 세상에 가시적인 것들이 많이 보여지니 신이 났습니다. 그 때는 그렇게 바빠도 너무 좋았습니다. 내가 바빠지면 남들에게 인정받을 게 많아진 것 같았고, 다들 다른 눈빛으로 나를 쳐다본다는 우쭐한 기분이 들었기 때문이지요.

오랜만에 만난 친구들과 이런저런 얘기를 하다 보면 친구들은 회사에 대한 불평, 상사에 대한 불만을 늘어놓기 일쑤였습니다. 하지만 저는 그런 불평보다는 '요즘 너무 바빠서~'라는 말을 연신 했습니다. 말은 바쁜 것에 대한 푸념처럼 했지만 '나 잘나가고 있어'를 다르게 표현한 것이었습니다. 그래서 괜히 더 바쁘고 힘든 척했습니다.

그런 생활들이 켜켜이 쌓이다 보니, 항상 일을 찾아서 분주하게 지내야 한다는 강박이 저도 모르게 생겼던 것 같습니다. 사회 전반에는 뭐라도 열심히 하는 자에게 조금이라도 더 주어진다는 분위기가 감돌았습니다. 실패조차 두려워하지 말고 도전하라는 말이 유행처럼 번졌는데, 굳이 틀린 말이라고 하고 싶진 않습니다. 문제는 그게 인생을 사는 데 모든 사람에게 적용되는 건 아니라는 것입니다.

"가령 당신이 아프리카를 주유하면서 사진을 찍고 있다고 상상해보자. 당신의 눈앞에 어미 하마와 새끼 하마가 보인다. 카메라를 들어 사진을 찍으려는 순간, 어미 하마가 당신을 잡아먹을 듯이 달려든다. 이러한 상황이라면 아마 당신은 치타들이 부러워할 속도로 도망칠 것이다. 하지만 내셔널지오그래픽 사진가인 보이드 맷슨의 이야기는 다르다. 100미터를 주파하는 실력이 있더라도 절대 도망가서는 '안 된다'는 것이다. 사실 달려드는 어미 하마를 찍는 일이 보이드에겐 일상적인 업무다. 보이드에 따르면, 훌륭한 사진을 찍으려면 움직이지 말고 그 자리에 그대로 있어야 한다. 즉, 아무것도 해서는 안 된다. 하지만 2톤짜리 맹수가 자신을 향해 달려올 때 움직이지 않고 가만히 있는 것은 세상에서 가장 어려운 일이다.

- 『내셔널지오그래픽』 中 -

우리 삶이라는 게 커다란 문제가 파도처럼 다가오는 것 같고, 그럴 때마다 무엇인가 하지 않으면 안 될 것 같은 마음이 들 때가 참 많습니다. 침착함 대신 초조해서 쿵쾅대는 마음으로 일을 대할 때가 더 많다는 말입니다. 언제나 시간은 없고, 해야 할 것들은 넘치기 때문에 이렇게 긴장한 상태로 매사의 일을 마주하고 맙니다. 무엇인가를 하지 않으면 불안하기 때문입니다.

그럴 때는 잠시 쉬었다 가야 합니다. 잠시 아무것도 하지 않고 멈춰서 있어야 합니다. 멈췄을 때 앞으로 달려갈 길에 대한 흐름과 방향이 보이고, 다시 달릴 힘도 축적할 수 있으니까요.

무턱대고 달리는 것만이 좋은 것은 절대 아닙니다. 눈앞의 일이 맹수와 같이 달려온다고 해도 두려워하며 도망가지 말고 눈 한번 질끈 감고 멈춰보는 건 어떨까요? 인생의 일은 맹수가 아니라서 절대로 그들에게 잡아먹히지 않는다는 사실을 기억하면 잠시 멈춰 있을 수 있습니다. 『멈추면, 비로소 보이는 것들』이라는 책의 제목처럼 그럴 때 새로운 아이디어가 떠오르고 문제를 해결할 정답이 보입니다.

마음을 흔드는 것들의 비밀
결국, 컨셉

1판 1쇄 발행 2017년 10월 10일
1판 10쇄 발행 2025년 5월 9일

지은이 김동욱
펴낸이 고병욱

펴낸곳 청림출판(주)
등록 제2023-000081호

본사 04799 서울시 성동구 아차산로17길 49 1010호 청림출판(주)
제2사옥 10881 경기도 파주시 회동길 173 청림아트스페이스
전화 02-546-4341 **팩스** 02-546-8053

홈페이지 www.chungrim.com   **이메일** life@chungrim.com
인스타그램 @ch_daily_mom   **블로그** blog.naver.com/chungrimlife
페이스북 www.facebook.com/chungrimlife

ⓒ김동욱, 2017

ISBN 978-89-352-1179-1 03320

※ 이 책은 저작권법에 따라 보호를 받는 저작물이므로 무단 전재와 무단 복제를 금합니다.
※ 책값은 뒤표지에 있습니다. 잘못된 책은 구입하신 서점에서 바꾸어 드립니다.
※ 청림출판은 청림출판(주)의 경제경영 브랜드입니다.